"주머니에 넣고 다니면서 항상 가져 볼 수 있는 골퍼의 필수품"

골프스윙의 정석

기초에서 상급까지 '실전 레슨 바이블'

저자 김용철 · 서동환

머리말

　이 책은 초급자이거나 아직도 골프의 정석을 이해하지 못하고 열심히 운동만하면서 스코어가 줄지 않는 골퍼를 위하여 골프의 기초부터 정립하고자 하였다. 골프가 대중화 되면서 많은 이론들이 나오고 있다. 이러한 이론들이 초보골퍼나 중상급자들도 이해하기가 어려운 이론도 있다. 이러한 골프스윙 방법을 이론적으로 정립하고 프로를 모델로 스윙을 분석하여 이 책을 만들었다. 이 책에서는 특별히 전문적인 이론이나 실기는 없지만 골프의 기본자세에서 부터 경기운영까지 필요한 요소를 정립하고자 노력하였다. 따라서 초보자에서 상급자까지 자신의 문제를 찾아내고 교정할 수 있도록 정리하고자 하였다. 또한, 원인을 분석하고 해결방안을 제시하고자 하였으며, 모든 운동의 기본은 기초가 튼튼해야 하는 것과 같이 골프도 기본자세에서 부터 출발함으로써 본서에서도 기본적인 자세와 스윙방법에 중점을 두었으며,

골프를 즐기는 사람이라면 누구나 갖추어야 할 예절인 남을 위한 배려를 기본철학으로 하였다.

이 책을 출간해주신 도서출판 서훈 고우용 대표님과 임직원 여러분의 노고에 진심으로 감사드립니다.

2014년 5월

저자들 드림

목차

1. 김프로가 추천하는 연습방법 / 9

   1. 공만 열심히 치는 연습은 버려라 ·············· 11
   2. 프로를 잘 활용하라 ·························· 12
   3. 다른 사람들의 말은 바로 흘러 버린다 ······· 13
   4. 연습장에서 프로 선택 방법 ·················· 14
   5. 연습장에서 연습시간 조정 ··················· 15
   6. 올바른 골프용어 ····························· 18

2. 그립(Grip) 잡는 법 / 25

   1. 그립의 중요성 ································ 27
   2. 왼손 그립 잡는 법 ···························· 28
   3. 오른손 그립 잡는 법 ························· 32

3. 정석스윙(Swing) 8단계 / 39

1. 어드레스(Address) ··················· 46
2. 테이크 어웨이(Take away) ··········· 48
3. 코킹(Coking) ······················· 50
4. 백스윙 탑(Back swing top) ··········· 52
5. 다운스윙(Down swing) ··············· 56
6. 임팩트(Impact) ····················· 58
7. 팔로 스로우(Follow through) ········· 60
8. 피니쉬(Finish) ····················· 62

4. 긴 클럽 스윙 방법 / 65

1. 드라이버 스윙 방법 ················· 67
2. 페어웨이 우드 샷(Fairway wood shot) ····· 76
3. 하이브리드 샷(Hybrid shot) ··········· 78
4. 롱 아이언샷 ························ 79

5. 숏 게임(Shot game) / 81

1. 퍼팅(Putting) ······················ 83
2. 치핑 샷(Chipping shot) ·············· 87
3. 피치 샷(Pitch shot) ················· 93
4. 로브 샷(Lob shot) ··················· 98
5. 벙커 샷(Bunker shot) ················ 104

6. 실전 플레이 / 107

1. 실전에서의 자세 ····················· 109
2. 티잉 그라운드에서 티샷 준비 ············ 111
3. 내리막 경사지에서 어프로치 ············· 113
4. 오르막 경사지에서 어프로치 ············· 115
5. 공이 발보다 높을 때 ·················· 118
6. 공이 발보다 낮을 때 ·················· 120
7. 러프 샷(Rough shot) ·················· 122
8. 긴 러프(페스큐 fescue) 탈출 ············ 124
9. 디봇 샷(Divot shot) ··················· 125
10. 맨땅에서 샷(Hard pan shot) ············ 126
11. 드로우 샷(Draw shot) ················ 127
12. 페이드 샷(Fade shot) ················· 128

7. 스윙 교정방법(Drill) / 129

1. 리버스 피봇(Reverse Pivot) ············ 131
2. 슬라이스(Slice) ······················ 135
3. 훅(Hook) ··························· 136
4. 치킨 윙(chicken wing) ················ 138
5. 오버 더 탑(Over the top) ·············· 140
6. 캐스팅(Casting) ······················ 142
7. 뒤땅(더프 : Duff) ···················· 144

8. 토핑(topping) ················ 145
    9. 헤드 업(head up) ············ 146
    10. 섕크(Shank) ················ 147
    11. 타점별 분석 ················ 148

8. 비거리 증가 방법 / 155

    1. 임팩트 파워 향상 ············ 157
    2. 정타를 친다 ················ 159
    3. 유연성을 키운다 ············ 160
    4. 힘을 뺀다 ·················· 161
    5. 드로우로나 직진구질로 친다 ···· 162
    6. 정확한 어드레스를 취한다 ······ 163
    7. 몸통(보디 턴) 스윙을 한다 ····· 164
    8. 피니쉬를 철저히 한다 ·········· 165
    9. 클럽 피팅(fitting)을 한다 ····· 166
    10. 연습도구의 활용 ············ 167

김프로가 추천하는 연습방법

1. 공만 열심히 치는 연습은 버려라

연습장에서 1시간에 400개에서 500개의 많은 공을 치는 골퍼들이 있다. 이런 골퍼는 절대 타수가 줄지 않는다. 실력향상은 정확한 자세와 스윙으로 실전과 같이 연습하는 것이 최상의 연습방법이다.

● 연습방법 ●

- 빈 스윙 3번하고 공은 한 개만 친다.
- 공을 친 후 타석에서 내려와서 다시 정열하고 빈 스윙 3번 후에 공을 친다.
- 공을 친 이후 타구를 분석한다.
- 10분 간격으로 스윙자세를 바꾸지 말라. 한두 번 잘못 맞는다고 바로 스윙을 바꾸지 말고 정석대로 스윙한다. 하루에 수십 번 스윙자세 바꾸는 골퍼들 많다.

2. 프로를 잘 활용하라.

연습장에서 프로는 회원들의 스윙이 잘못된 것을 알고도 절대 이야기하지 않는다. 이는 프로들의 근성이다. 프로는 레슨비를 주면 그때 스윙에 대하여 이야기한다. 따라서 레슨비를 아끼면 실력은 줄어든다. 세상에 공짜는 없다. 투자한 만큼 타수는 줄어든다. 그래도 레슨비가 아깝다면 빨리 프로와 친해져야 한다.

> ● 프로에게 접근법 ●
> -. 연습장 티칭 프로를 띄워주어라. 무조건 잘한다고 한다.
> -. 초보자의 자세로 프로에게 물어본다. 프로는 질문하면 답한다. 가만히 있으면 절대 입을 열지 않는 것이 프로근성이다.
> -. 자판기 커피로 프로에게 가깝게 다가간다.
> -. 프로가 간단한 교정법(Drill) 하나라도 전수해주면 예의를 표한다.
> -. 프로가 레슨해주면 점심값 정도는 주어도 좋다. 프로는 레슨이 주업이니 공짜는 반갑지 않다. 프로는 대가를 안주면 레슨안하는 것이 프로정신이다.
> -. 프로에게 나의 문제점을 이야기하면 프로는 바로 교정법(Drill)을 알려준다.

3. 다른 사람들의 말은 바로 흘러 버린다.

 연습장 휴게실에 가보면 대화 내용은 모두가 프로수준 이상이다. 이러한 휴게실 프로들은 초보 골퍼가 오면 서로 지도해주려는 마음이 간절하다. 스윙의 기초 이론을 알지 못하고 자신의 경험으로 초보골퍼 레슨하면 초보골퍼 무너진다.

-. 연습장의 많은 회원들을 보면 이론은 모두가 프로수준이다. 초보 골퍼를 벗어나면 골프의 기본 원리도 모르고 레슨하여 주고 싶어 한다. 이러한 아마추어 짝퉁프로 따라하다 내 스윙 망가진다.
-. 배우려면 고수한테 배워라. 100돌이한테 배우면 나도 100돌이 된다.
-. 정석을 배웠으면 정석대로 연습한다. 타인의 말에 솔깃하여 자세 바꾸면 무너진다.
-. 연습장 타석에서 앞사람의 공이 잘 나간다고 흉내 내지 말라. 앞 사람과 나와는 체형, 자세 모두 다르다.

4. 연습장에서 프로 선택 방법

프로에게 정석 스윙을 배우려고 한다면 정석스윙을 하는 프로를 선택하여야 한다.

- 필드에서 공 잘 친다고 레슨 잘하는 것은 아니다. 자격증과 교육받은 프로를 선택한다.
- 당장 공 안 맞는다고 바로 레슨프로 바꾸면 처음부터 다시 시작하는 것과 같다. 일관성 있게 한 프로에게 집중해본다. 스윙의 원리는 유사하나 프로들에 따라 교습방법에 차이가 있다.
- 회원의 스윙문제를 정확히 찾아내고 원인과 교정방법을 정확히 알고 있는 프로를 선택한다.
- 이론과 실기에 충실한 프로를 선정한다.
- 정식 티칭교육을 받은 프로는 회원들의 스윙의 문제원인을 먼저 말하고 교정 레슨을 한다.
- 유명프로선수가 레슨을 잘하는 것은 아니다. 타이거우즈도 유명선생님을 찾아가 레슨 받는다. 공 잘 치는 명성에 유혹되기 보다는 잘 지도한다는 명성을 따라가라.
- 그립 잡는 법부터 자주 강조하는 프로, 기본동작을 끊임없이 교정하여주는 프로가 좋은 프로이다.
- 다양한 스윙 자세를 시범 보이고 원리를 이론적으로 설명하고 스윙법을 알려주는 프로가 좋은 프로이다.
- 직접 시범을 보여 주는 프로가 올바른 프로이다.
- 스윙 분석 프로그램으로 분석하면서 지도하는 프로가 좋은 프로이다.
- 스윙에 문제가 발생하면 그립부터 고쳐주는 프로가 좋은 프로이다.

5. 연습장에서 연습시간 조정

하루에 2시간 연습장에서 연습한다면 드라이버만 치지 말고 시간을 안배하여 연습하면 효율적이다.

[중급자 연습시간]

연습시간	연습내용	연습방법
10분	스트레칭	손목, 허리, 발목, 빈 스윙
30분	어프로치	10M, 20M, 30M, 40M, 50M 순으로 한다. 다시 역순으로 한다. 피칭&러닝, 러닝어프로치, 로브샷, 벙커샷 연습
30분	아이언 샷	짧은 채부터 긴 채로 간다.
20분	드라이버/우드	드라이버 및 우드 샷 연습
20분	실전연습	실전에서와 같이 드라이버 샷, 우드 샷, 롱 아이언, 숏 아이언, 어프로치 순으로 연습하며, 공은 클럽마다 한개만 친다. 연습 이후 그날 문제 있는 클럽만 다시 연습한다.
10분	어프로치	10M, 20M, 30M, 40M, 50M 순으로 어프로치 연습을 한다.
여유시간	퍼팅	퍼팅은 시간 있을 때마다 연습한다. 퍼터는 손에서 놓지 말라. 대기시간을 활용하여 퍼팅 연습한다.

[상급자 연습 시간]

연습시간	연습내용	연습방법
10분	스트레칭	손목, 허리, 발목, 빈 스윙
30분	어프로치	10M, 20M, 30M, 40M, 50M 순으로 한다. 다시 역순으로 한다. 피칭, 러닝, 로브샷, 벙커연습
20분	아이언 샷	짧은 채부터 긴 채로 간다.
10분	드라이버/우드	드라이버 및 우드 샷 연습
20분	실전연습	실전에서와 같이 드라이버 샷, 우드 샷, 롱 아이언, 숏 아이언, 어프로치 순으로 공은 클럽마다 한개만 친다.
10분	어프로치	어프로치 연습을 한다.
10분	교정연습	당일 제일 안 맞는 클럽만 다시 연습한다.
여유시간	퍼팅	퍼팅은 시간 있을 때마다 연습한다. 대기시간을 활용하라. 퍼터는 손에서 놓지 말고 들고 다닌다.

[초보골퍼 30일 입문]

연습기간	연습내용	연습방법
3일간	이론 및 자세	골프이론/ 기본자세/ 그립 잡는 법
4일간	반 스윙	8번 또는 7번 아이언으로 반 스윙 연습을 통하여 스윙궤도 익힘. [처음 일주일의 자세가 평생 간다.]
7일간	아이언 샷	아이언 풀 스윙 연습
3일간	드라이버 샷	드라이버 풀 스윙 연습
3일간	어프로치	어프로치 연습
3일간	퍼팅	퍼팅연습
7일간	교정연습	각 클럽별 잘 못된 스윙 교정연습

6. 올바른 골프용어

[스코어 부르기]

타수	용어	영문용어	줄임말/의미
-5	오스트리지	Ostrich	오스트리지 (타조)
-4	콘도르	Condor	콘도르 (남미산 큰 독수리)
-3	알바트로스	Albatross	알바트로스 (신천옹)
-2	이글	Eagle	이글 (미국산 흰 독수리)
-1	버디	Birdie	버디 (어린 새)
0	파	Par	파
1	보기	Bogey	보기
2	더블 보기	Double Bogey	더블
3	트리플 보기	Triple Bogey	트리플
4	쿼드러플 보기	Quadruple Bogey	쿼드
5	퀸튜플 보기	Quintuple Bogey	퀸트
6	섹스튜플 보기	Sextuple Bogey	섹스
7	셉튜플 보기	Septuple Bogey	셉트
8	옥튜플 보기	Octuple Bogey	옥트
9	나뉴플 보기	Nonuple Bogey	논
10	데큐플 보기	Decuple Bogey	덱
10 이상	폴리드루플 보기	Polydruple Bogey	폴리

[골프용어 오용]

잘못된 용어	표준용어	영문용어
빠따	퍼터	Putter
우라	기복이 심함, 고르지 못함	
쪼루	탑핑	Topping
가라스윙	빈 스윙, 연습스윙	Practice swing
덴뿌라 샷	스카이 샷	Sky shot
티 그라운드	티잉 그라운드	Teeing ground
몰간	멀리건	Mulligan
레이디 티	레이디스 티	Ladies' tee
엄라이트	업라이트	Upright
캐리오너	캐리드 아너	Carried honor
티업	티오프	Tee off
언더리	언더 리페어	Ground under repair
라이(Lie)	브레이크	break
라운딩(rounding)	라운드	Round
싱글(Single)	싱글 디지트 핸디케퍼	Single-digit handicapper
양파(Double par)	스코어 부르기 참조	
포대그린	솟은 그린	Elevated green, Plateau green
홀 컵(Hole cup)	홀 또는 컵	Hole or cup
온 그린율	그린적중율	Green in regulation

[벌타 기준]

	상황	벌	비고
전반적규칙위반	합의하여 반칙한다.	실격	매치플레이 : 양편 모두실격 스토로크 : 관련 경기자 실격
	공에 영향을 주는 행위	실격	
	경기당일 코스에서 연습	실격	
	다른 사람의 권리를 침해하면	실격	
티잉그라운드	채14개 이상 소지 또는 채 차용	2	홀당 2벌타 18홀에 최고 4벌타
	타순이 틀렸다	0	그대로 경기 계속
	티 구역 밖에서 쳤다	2	티 구역에서 다시 친다.
	티에 올려놓은 공을 떨어뜨렸다	0	벌 없이 다시 티업
	스윙결과 볼이 티에서 떨어졌다.	2	인플레이 공을 건드렸다.
	분실구 또는 OB공	1	원 위치에서 제3타를 친다.
	동반자에게 잠정구란 말 안고 쳤다.	1	원구는 분실구 처리
	동반자에게 사용클럽을 물어보았다.	2	조언으로 2벌타
	공이 본인 카트에 맞고 OB났다.	2	카트 : 1벌 OB : 1벌
	한 홀의 경기 중에 연습하였다.	2	끝난 그린과 다음 티에서는 퍼팅과 칩핑 연습가능
	공의 라인을 개선하였다.	2	공 뒤를 밟거나 채로 눌러서는 안 됨
	스탠스 장소를 만들었다.	2	발밑에 돌 같은 것을 고여서는 안 됨
	클럽헤드로 치지 않았다.	2	헤드의 뒷면은 무방 퍼터의 그립 끝으로 당구

스루더그린			치듯 치면 벌타
	캐디가 우산을 받쳐주었다.	2	치지 않을 때는 무방
	공이 채에 두 번 맞았다.	1	친 것까지 합2타
	움직이고 있는 공을 쳤다.	2	물속에서 움직이는 공은 무벌타
	오구를 쳤다.	2	다음 티에서 치기 전에 정구를 치지 않으면 실격
	어드레스 전에 공이 움직였다.	0	제자리에 놔야 한다. 그렇지 않으면 2벌타
	어드레스 후에 공이 움직였다.	1	플레이어가 볼을 움직인 원인이 되는 일을 하지 않았다면 무벌타
	자연 장애물을 치우다 공이 움직였다.	1	처음 위치에서 놓는다.
	인공 장애물을 치우다 공이 움직였다.	0	처음 위치에서 놓는다.
	동반 경기자가 내 공을 움직였다.	0	처음 위치에서 놓는다.
	국외자가 공을 움직였다.	0	처음 위치에서 놓는다.
	내가 친 공이 동반자의 공에 맞았다.	2	멈춘 자리에서 그대로 친다.
	공이 자기 캐디나 백에 맞았다.	2	멈춘 자리에서 그대로 친다.
	공이 동반 경기자, 그의 캐디나 백에 맞았다.	0	멈춘 자리에서 그대로 친다.
	드롭 방법이 틀렸다.	1	치기 전에 시정하면 무벌타
	공을 마크하지 않고 들어 올렸다.	1	
	오소에 드롭 또는 놓고 쳤다.	2	중대한 오소면 제2의 공을 쳐야 함
	언플레이블 볼을 선언하였다.	1	

	닦아서는 안 될 때 공을 닦았다.	1	
워터해져드 / 병행워터해져드	워터해저드에 공이 들어갔다.	1	병행 워터해저드 포함
	클럽이 모래나 또는 물에 접촉하였다.	2	
	자연 장애물에 접촉하거나 치웠다.	2	나무잎 등을 치우면
	인공 장애물에 접촉하거나 치웠다.	0	담배꽁초, 비닐 등
	채나 백을 내려 놓았다.	0	테스트나 라인 개선 아니면 됨
	해저드에서 오구를 쳤다.	0	해저드에서는 공을 확인할 수 없음
	백스윙을 하다 모래나 물에 닿았다.	2	다운스윙부터 무벌
	공이 워터 해저드에 들어간 증거가 없는데 들어간 것으로 처리하였다.	2	
	공이 나가지 않았는데 처음에 친 자리를 메웠다.	0	다음타의 라이 개선이 아니라면 된다
	나뭇잎에 덮였으나 공의 일부가 보일 때 나뭇잎을 치웠다.	2	공이 전혀 안보일 때 일부가 보일 정도까지 치우는 것은 무벌타
퍼팅그린	퍼팅선 지시 때 그린에 접촉하였다.	2	
	나뭇잎이나 모래를 손이나 채 이외의 것으로 치웠다.	2	로컬룰에서 허용된 경우는 제외
	퍼팅선에 접촉하였다.	2	
	그린에서 친공이 잡고 있거나 빼놓은 깃대에 맞았다.	2	

	그린에서 친공이 깃대를 잡고 있는 사람에 맞았다.	2	
	그린에서 친 공이 동반경기자의 멈춰있는 공에 맞았다.	2	치기 전에 두 공 모두 그린에 있었으면 경기자는 2벌점
	동반자의 공이 움직이고 있을 때 쳤다.	2	
	그린 면을 테스트하였다.	2	
	바람에 움직인 공을 그대로 쳤다.	0	
	홀 아웃을 하지 않고 다음 홀로 이동하였다.	실격	
	스파이크 자국을 고쳤다.	2	공 자국과 구멍 자국은 고칠 수 있다

라운딩을 기다리며

뼈를 삼키듯 차갑던 바람이
맘을 포근히 녹여주는 바람으로
다가와 봄이 왔나하여 창을 열어보니
산 위에는 아직 눈이 가득하고
내 맘에는 봄이 오길 가득하네
봄이 오면 내 맘 가득 채워 줄이 없으련만
또 한해의 봄을 기다리네.

그립(Grip) 잡는 법

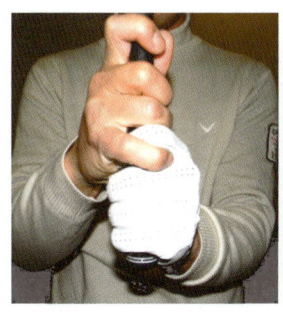
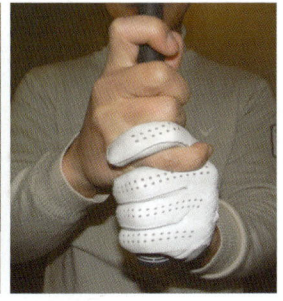

1. 그립의 중요성

그립은 골프자세의 첫 출발점이다. 따라서 정확한 그립이 정확한 샷을 만들어 낼 수 있다. 많은 골퍼들이 슬라이스나 훅이 발생하면 스윙자세를 교정하려고 한다. 그러나 골프의 첫출발인 그립부터 정확한 위치에 잡지 못하면 평생 잘못된 스윙을 하게 된다. 잘못된 구질과 스윙 원인의 60%가 잘 못 잡은 그립에서 나온다.

그립을 잡는 악력(손의 힘)은 병아리 한 마리를 왼손에 쥐듯 가볍게 잡되 도망가지 않도록 약간의 힘이 필요하다. 그립을 잡고 두 손으로 클럽을 잡고 마치 검도를 하듯이 아래위로 흔들어 볼 때 약간의 무게감을 느껴야 정확한 그립이다.

- 정확한 그립은 골프스윙에서 거리와 방향성 그리고 스윙 궤도의 60%가 결정된다.
- 그립은 정석으로 잡아야 한다. 나만의 그립 잡는 법은 절대로 개발하지 말라.
- 그립은 잡는 것이 아니라 왼손 손가락을 말아 올린 상태에서 끼워 넣는 것이다.
- 잘못된 그립은 잘못된 스윙을 만든다.

2. 왼손 그립 잡는 법

일반적으로 그립은 손가락 끝에 잡으라고 한다. 여기서 손가락 끝은 손금의 재산선이 마디 끝이다. 따라서 그립은 손금의 재산선(그림의 화살표 1)에 놓아 주어야 한다.

그립은 먼전 왼손부터 잡는다. 왼손그립은 왼손 약지 마디 끝에 놓아준다. 왼손약지 마디는 (그림의 화살표 2)가 가리키는 곳이다. 따라서 그립은 두 개의 화살표 방향을 놓아야 한다.

왼손검지의 첫마디와 약지의 접히는 끝부분에 그립을 놓는다. 이때 그립의 끝은 손가락 한마디 정도 여유 있게 길게 놓아준다. [그림 2-2]에서와 같이 오른손 손가락으로 그립 끝을 잡고 왼손을 살며시 놓아준다.

[그림 2-1] 그립을 올려놓은 위치

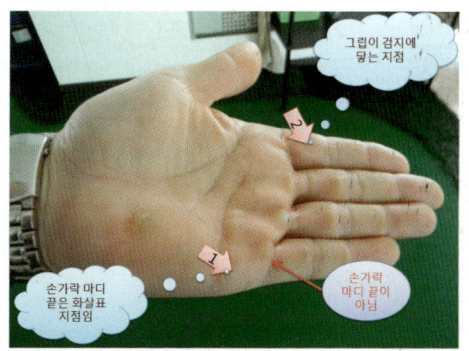

[그림 2-2] 그립정렬 위치

2. 그립(Grip) 잡는 법

[그림 2-3] 손가락 감아쥐는 법

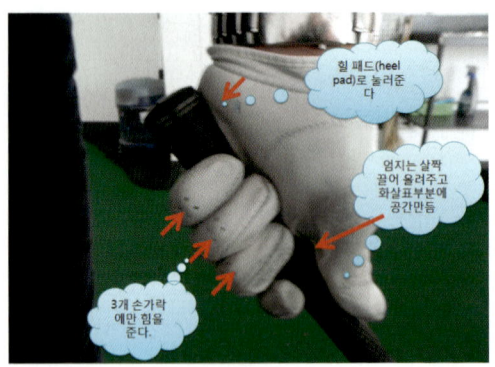

 그립은 엄지와 검지는 힘을 완전히 빼고 3개의 손가락으로 손에 힘이 강한 상태를 100%로 한다면 50%의 힘으로 올려 쥐면서 동시에 손바닥 뒤축으로 내려 눌러 잡는다.

 엄지는 곧게 편 상태에서 약간 끌어당기고 검지는 고리모양을 만들어 가볍게 쥔다.

 엄지를 뒤로 당겨 잡는 방법은 숏섬(Short thumb) 방식으로 유연성을 느낄 수 있는 그립이며, 엄지를 길게 내려잡는 방식인 롱 섬(Long thumb) 방식은 스윙의 정상에서 클럽 헤드의 통제력이 좋다.

[그림 2-4] 왼손 그립 완성 시 모습

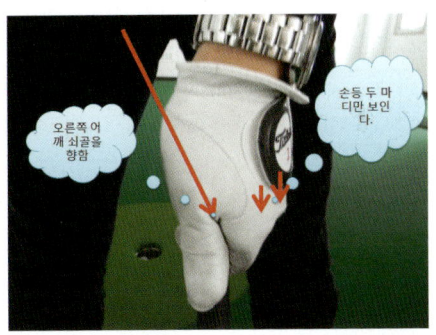

왼손 그립을 완벽하게 잡으면 엄지와 검지의 홈(V자)은 오른쪽 어깨 쇄골을 향하게 되고 어드레스 상태에서 내려다보면 손등의 마디 두 개만 보이면 최적의 그립상태가 된다.

주의 : 왼손 엄지와 검지는 붙여준다.

3. 오른손 그립 잡는 법

왼손 그립을 잡은 후 오른손 바닥이 타깃방향과 일직선(직각)이 되도록 왼손에 대어주고 오른손 중지와 약지를 왼손 검지 위에 가볍게 올려놓는다. 이때, 오른손 재산선이 왼손 엄지를 감싸준다. 오른손 검지는 방아쇠를 당기는 모양을 유지하며 밑으로 당겨준다. 오른손 엄지는 그립의 중앙을 기준으로 약간 안쪽(왼쪽)으로 비스듬하게 잡는다.

오른 손 힘 배분은 [그림 2-5]에서와 같이 2개의 손가락에 50%의 힘만 준다.

[그림 2-5] 오른손 그립 잡는 법

[그림 2-6] 완성된 그립 모습

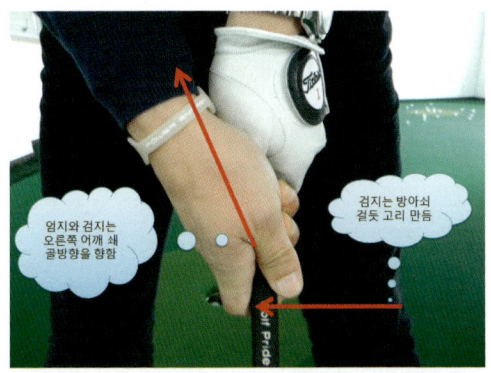

[오버래핑 그립]
(overlapping grip)

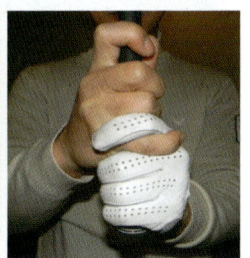

[인터락킹 그립]
(Interlocking Grip)

오버래핑 그립(overlapping grip)은 해리 바든(Harry Vardon)이 고안해서 '바든식 그립'이라고도 한다. 인터

락킹 그립은 손이 작은 골퍼나 여성골퍼들이 잡는 방법이다. 여기서 남성 기준 장갑을 22호 이상 착용하는 골퍼는 오버랩핑을 권하고 싶다.

[그림 2-7] 오른손의 위치

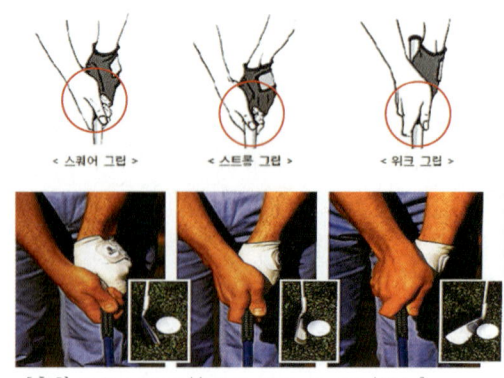

[출처 : daum.net//jobsic.tistory.com/324]

스퀘어 그립은 일반적으로 가장 많이 잡는 그립이며, 스트롱 그립은 여자들 혹은 힘이 떨어지는 골퍼들이 잡는 방법이며, 워크 그립은 상체가 강하고 팔에 힘이 강한 골퍼들이 잡는 방법이다. 여기서 스퀘어 그립(뉴트럴 그립)을 잡기를 권한다.

자주 발생하는 잘못 잡는 그립의 모습은 [그림 2-8] 과 같은 모습이다.

[그림 2-8] 잘못 잡은 그립

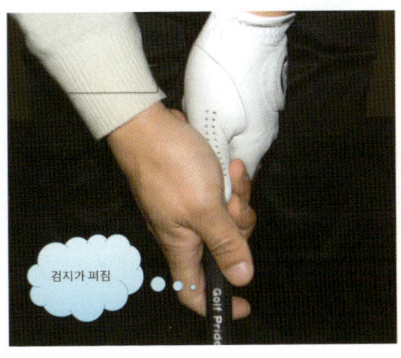

오른손 검지를 길게 살짝 걸치고 펴져있는 모습으로 초보자들한테서 자주 발생한다.

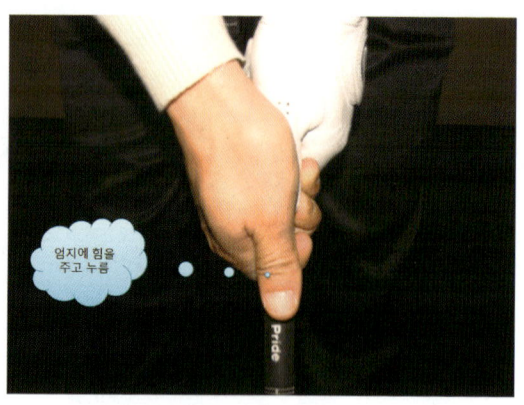

 오른손 엄지에 힘을 주고 강하게 잡은 그립으로 장타 욕심이 원인일 수 있다. 오른손 엄지에 강하게 힘주면 유연성이 없어 스윙을 부드럽게 만들 수 없다.

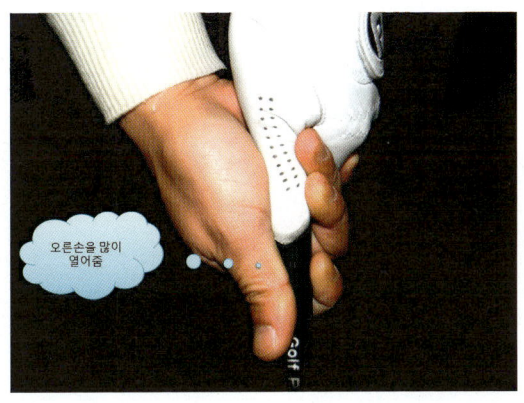

오른손 바닥을 오른쪽으로 많이 열어준 상태로 이와 같은 그립은 오른팔을 주축으로 스윙하게 되어 심한 훅 구질이 발생할 수 있다.

봄애 내린 가늘 한 빗방울

귓가를 스쳐 지나간 빗방울 소리는
봄 향기와 그대 향기를 내게로 안겨준다.
봄의 스치는 빗방울이 가슴을 서럽게 하고
왠지 기다리게 하는 것은 무엇인지?

정석스윙(Swing) 8단계

암 스윙과 보디 턴 스윙의 구분
자신을 먼저 분석하고 스윙자세를 선택한다.

[스윙방법 분류]

수많은 아마추어 골퍼들이 스윙을 하면서 내가 어떤 스윙을 하고 있는지 모르고 열심히 공만 친다. 나의 조건, 체형에 맞는 스윙을 선택하여 일관되게 연습하여야 좋은 스윙을 만들 수 있다.

최근 스윙방법으로는 보디 턴 스윙(Body swing)과 암 스윙(Arm swing)으로 분류된다. 보디 턴 스윙은 많은 프로들이 구사하는 스윙방법으로 백스윙 탑에서 하체를 왼발로 이동하고 골반을 강하게 돌려주고 왼팔의 힘으로 끌고 내려오는 스윙방법이다.

암 스윙은 백스윙 탑에서 머리는 공 뒤에 두고 하체 돌리지 않고 팔로만 돌려주고 임팩트 이후까지 상체를 돌리지 않고 잡고 있다가 피니쉬 때 상체를 돌려주는 스윙이다.

[스윙의 차이점]

보디 턴 스윙	-. 철저히 왼손으로 리드한다. -. 하체의 리드에 따라 상체가 수동으로 움직인다. -. 어깨, 팔, 손을 의도적으로 사용하지 않는다. -. 백스윙에서 코킹을 늦게 만든다. -. 다운스윙 시 힐이 열릴 시점부터 어깨와 허리가 같이 움직인다.
암 스윙	-. 빠른 코킹(얼리 코킹)을 한다. -. 몸을 잡아 두고 약간 빠르게 스윙한다. -. 큰 근육보다는 작은 근육(팔, 손)을 사용하여 스윙한다.

[스윙의 공통점]

다운스윙	① 양손이 볼과 몸 사이에 놓인다. ② 샤프트가 지면과 평행일 때 헤드페이스는 정면을 향한다. ③ 토우는 하늘과 수직이 되며, 그립 끝은 타겟을 향한다.
팔로 스루우	① 다운스윙과 대칭모양이 된다. ② 샤프트가 지면과 수평일 때 페이스 반대쪽이 정면을 향함 ③ 토우는 하늘과 수직을 이룸 ④ 그립 끝은 타겟 반대 방향을 향함

[체형에 맞는 스윙 자세]

구분	스윙방법 선택 방법	비고
보디 턴 스윙	-. 연습량이 많은 골퍼 -. 어깨가 좁고 상체의 힘이 약한 골퍼 -. 유연성이 좋은 골퍼 -. 젊은 골퍼 -. 악성 훅이 나는 골퍼	• 추천하는 자세 임 • 90% 이상 골퍼 들 자세
암 스윙	-. 연습장에서 연습 시간이 부족한 골퍼 -. 상체가 발달한 골퍼 -. 유연성이 부족한 골퍼 -. 허리 회전이 잘 안 되는 골퍼 -. 나이가 많아 유연성이 떨어지는 골퍼 -. 어깨 넓이가 넓은 골퍼 -. 악성 슬라이스 나는 골퍼	• 보디빌더 • 유도선수 등에게 추천 자세

자신의 조건과 체형에 알맞은 스윙방법을 선택하라

연습장에서 6개월은 A프로한테 레슨 받다가 갑자기 B프로로 레슨 프로를 바꾸면서 두 프로가 레슨하는 자세가 서로 다르다고 프로를 비교하여 평가하는 골퍼들을 볼 수 있다. 어떤 프로는 하체를 돌리라고 하고 어떤 프로는 팔로 간결하게 스윙하라고 한다며 스윙의 이론을 정립하지 못하고 천국과 지옥을 넘나드는 골퍼들을 종종 볼 수 있다. 이런 골퍼들은 두 가지 스윙이 혼합되어 특이한 스윙을 구사하면서 구질은 누구도 상상할 수 없는 어디로 갈지 모르는 구질이 나온다. 결국 이런 골퍼들은 골프에 회의감을 느끼고 포기하거나 프로 탓 만 하게 된다.

자신의 스윙 자세를 확인하고 하나의 방법을 선택하여 일관성 있게 연습하여야 한다. 특히 연습장에서 흔히 말하는 백돌이 들이 주변 골퍼들에게 스윙에 대하여 자문하여 줄 때 보면 두 스윙을 혼합하여 일부분만을 이야기 한다. 이런 것은 매우 위험한 자문이다. 스윙의 전체를 그려주어야 하는데 단편적 한 부분을 일러주면 배우는 골퍼는 혼란에 빠지게 된다.

지금부터 나의 조건, 체형 등을 판단하고 한 가지 스윙 방법을 선정한다. 나 혼자 판단이 어려우면 연습장에서 프로한테 자문을 구하여라.

[스윙방법에 따른 일반적 구질]

구분	구질	비고
보디 턴 스윙	-. 페이드성 구질	-. 악성 훅으로 고생하는 골퍼
암 스윙	-. 드로우성 구질	-. 악성 슬라이스로 고생하는 골퍼

1. 어드레스(Address)

골프에서의 준비자세로서 좋은 스윙궤도는 물론 방향과 구질에 영향을 미친다.

[어드레스 자세 공통점]

① 보폭은 양 어깨넓이로 선다. 또는 자신의 평상시 걸을 걸이의 한 걸음넓이(앞발 뒤꿈치에서 뒷발 앞발꿈치 까지 거리)로 선다.
② 엉덩이는 위로 살짝 치켜세운다.
③ 체중은 양발에 균등하게 배분하고, 발바닥 부위에서 복숭아뼈 사이에 힘을 준다.
④ 체중은 양발 균등하게 배분한다.
⑤ 무릎은 살짝 구부려주고 상체를 앞으로 살짝 쏠려준다. 체중을 앞으로 쏠려준다.
⑥ 고개를 살짝 들어서 턱을 열어준다.(백스윙에서 왼 어깨가 턱 아래로 들어감)
⑦ 어깨, 팔, 클럽은 삼각형을 만든다.
⑧ 오른쪽 어깨는 왼쪽 어깨보다 약간 내려간다.(그립에서 왼손 보다 오른손이 내려가 있으므로 어깨도 양손의 간격만큼 오른쪽이 내려가야 한다.
⑨ 클럽 끝과 몸과의 거리는 주먹 한 개에서 두 개 정도의 거리를 둔다.

[그림 3-1] 어드레스 자세

[어드레스 정면]

[어드레스 측면]

2. 테이크 어웨이(Take away)

테이크 어웨이는 골프에서 가장 힘든 동작으로서 핵심은 클럽이 오른쪽으로 지나갈 때 팔과 어깨 사이의 삼각형을 유지하고 양 손이 오른쪽 허벅지를 스치듯 지나가게 한다.

[테이크 어웨이 자세 공통점]

① 팔, 어깨, 클럽의 삼각형이 함께 움직인다.
② 팔, 어깨, 클럽이 삼각형이 되어 일체형으로 나가면서 타깃라인과 일직선으로 클럽을 끌고 나가서 지면과 수평하게 만든다(타깃라인 보다 몸 뒤쪽으로 가면 감아 돌림현상이 됨)
③ 하체는 고정하고 상체의 회전으로만 삼각형자세를 만든다.
 [Drill : 양손에 공을 들고 삼각형으로 테이크 어웨이 해본다]

[테이크어웨이 자세 차이점]

보디 턴 스윙	-. 낮고 길게 끌고 나간다.
암 스윙	-. 오른 발 앞에서 바로 코킹 단계로 간다.

[그림 3-2] 테이크 어웨이 자세

어깨, 팔, 클럽이 함께 움직이다.

샤프트는 타깃 라인과 일직선

연습방법	어드레스 상태에서 클럽 끝을 배꼽에 대고 팔은 삼각형을 유지하고 몸통을 돌려서 왼쪽 어깨가 공까지 가도록 연습한다.

3. 코킹(Coking)

코킹은 손목과 채를 직각으로 만들고 다운스윙 할 때도 이 각도를 계속 유지하여 비거리를 증가 시킨다. 왼팔이 수평이 되고 샤프트를 직각으로 만들며, 이때 클럽을 손에 쥔 느낌이 가장 가볍게 느껴질 때가 코킹의 정점이 된다.

[코킹 자세 공통점]

① 그립의 악력은 약하게(살짝) 준다.
② 클럽 끝이 공과 타깃라인 선상을 향하며, 왼팔은 지면과 수평하게 한다.
③ 왼팔은 지면과 수평상태에서 클럽과 직각을 이루게 한다.
④ 오른발이 오른쪽으로 밀려 나가지 않게 한다.(오른발이 밀려 나가는 스웨이 현상은 자세가 무너진다)
⑤ 시선은 공을 본다.
⑥ 양 무릎은 어드레스 상태를 그대로 유지한다.

[코킹 자세 차이점]

보디 턴 스윙	-. 천천히 스윙하면서 늦게 코킹 한다. • 낮고 길게 클럽을 끌고 나간다.
암 스윙	-. 조금 빠르게 스윙 하면서 빨리 코킹 한다. • 오른발 무릎을 지나면서 바로 코킹 한다.

[그림 3-3] 코킹 자세(보디 턴 자세)

4. 백스윙 탑(Back swing top)

 백스윙 탑에서의 체크 포인트는 왼쪽어깨가 충분히 돌아가고 등이 타깃을 향하여야 한다. 오른쪽 팔꿈치가 뒤로 빠지지(치킨 윙) 않도록 하며, 샤프트는 정점에서 수평이하로 넘어가면 안 된다. 따라서 왼팔은 수평까지만 유지하면 몸의 탄력에 의하여 11시까지 돌아간다.

[코킹 자세 공통점]

① 코킹 동작에서 왼쪽 어깨를 회전시킨다. 하체가 25도 돌아가면 상체는 45도 어깨는 90도 돌린다.
② 오른발 안쪽으로 중심을 잡아서 오른발이 밀려나지 않게 한다.(특히, 오른발이 옆으로 밀려가거나 쭉 펴짐 방지)
③ 왼쪽 어깨는 턱 아래로 오게 한다.
④ 왼팔은 곧게 편다(단, 약간 구부러져도 됨).
⑤ 머리는 체중이 오른쪽으로 이동할 때 약간 따라 이동해도 무방하다.
  머리를 너무 고정 시키면 상체가 경직되어 회전이 안 되고 팔에 힘이 강하게 들어간다.
⑥ 왼쪽 어깨가 오른쪽 무릎까지, 또는 엉치뼈가 오른쪽 무릎까지 오도록 돌려준다.

[코킹 자세 차이점]

보디 턴 스윙	-. 왼 어깨의 큰 근육을 사용하여 어깨를 돌릴 때 큰 근육이 꼬여 있음을 느껴야 한다.
암 스윙	-. 어깨의 큰 근육 사용을 자제하고 팔과 손목을 부드럽게 하여 가볍게 돌려준다.

[그림 3-4] 백스윙 탑 자세(보디 턴 자세)

[백스윙 탑에서의 자세]

키가 큰 골퍼	어드레스에서 부터 키가 크기 때문에 상체가 많이 굽어 진다. 따라서 백스윙 탑은 업라이트(높게 들림)하게 올라간다.
키가 작은 골퍼	어드레스에서 부터 키가 작기 때문에 상체를 많이 세운다. 따라서 백스윙 탑은 플랫(낮게 올림)하게 올라간다.

 백스윙 탑을 업라이트하게 하거나 플랫하게 억지로 만들지 않는다. 키의 차이에 따라 자연스럽게 만들어진다.

백스윙 탑에서 광배근과 삼각근 과 승모근이 최대한 꼬이도록 상체를 틀어 주며, 오른 무릎은 버티고 왼 무릎은 따라와서 상체의 꼬임이 되어야 장타를 낼 수 있다.

[그림출처:http://blog.naver.com/hangarl]

[그림 3-5] 자주 발생하는 잘못된 백스윙 탑 자세

[역 피봇 자세]

[클럽이 뒤로 쳐짐 현상]

[Drill : 역 피봇 교정법 : 왼쪽 눈을 공에 고정 시킨다. 백스윙 탑에서 척추 각도를 어드레스 각도와 일치시킨다]

[백스윙 탑 자세 연습 방법]

그림과 같이 양팔에 힘을 빼고 어드레스 자세를 취한 후 연습한다.

> ① 어드레스를 취한 후 양팔에 힘을 빼고 자연스럽게 팔을 구부려 오른쪽 어깨 위에 클럽을 살짝 올려놓는다.
> ② 백스윙 자세로 가도록 상체를 돌려준다.
> ③ 왼팔을 뻗어주어 백스윙을 만든다.

[그림 3-6] 백스윙 탑 자세 연습 방법

5. 다운스윙(Down swing)

백스윙 탑에서 꼬였던 상체를 다시 어드레스 자세로 돌려주는 중요한 전환 자세이다. 왼쪽 발꿈치를 바닥에 대고 왼쪽 무릎을 타깃방향으로 돌려주고 손목코킹은 그대로 유지한 상태에서 탑에서 클럽이 살짝 끌려 내려오도록 한다(팔로 끌고 내려오는 것이 아님). 이때 팔과 손과 클럽은 하나가 되어 움직인다. 이때 급하게 내려오는 것은 매우 위험한 동작이다.

[다운스윙 자세 공통점]

① 왼발이 빨리 돌면 훅이 나고 너무 천천히 돌면 슬라이스가 난다. 따라서 나만의 템포를 만든다.
② 그립의 끝을 살짝 끌고 내려와 타깃 선상에 올려놓고 볼을 향해 끌고 내려간다.
③ 다운스윙의 속도는 백스윙 탑에서 점진적으로 빨라져 임팩트 때 최고 스피드를 낸다.
④ 어드레스 때의 척추각도를 유지하기 위하여 오른쪽 어깨가 왼쪽 어깨보다 낮아져야 한다.
⑤ 체중은 왼발로 이동한다.
⑥ 머리는 공보다 뒤쪽(오른쪽)에 있어야 한다.

[다운스윙 자세 차이점]

보디 턴 스윙	① 백스윙 탑에서 하체(힙을 타깃 방향으로 밀어주고 왼 어깨의 큰 근육을 사용하여 클럽이 끌려 내려온다. ② 코킹은 풀지 않고 백스윙 탑에서 팔이 멈춰진 느낌으로 팔은 전혀 쓰지 않고 골반 돌리는 힘으로 팔과 클럽은 "V"자를 그리면서 끌려 내려온다. ③ 왼발은 45도정도 타깃 방향으로 먼저 돌린다. ④ 백스윙 탑에서 왼발은 지긋이 밟아준다. ⑤ 오른팔은 오른쪽 갈비뼈에 붙여서 내려온다. ⑥ 몸의 중심은 어드레스 상태 보다 아래로 내려간다. 즉, 다운스윙 시 체중의 중심을 아래로 내려주면서 오른팔은 옆구리에 붙이고 클럽을 끌고 내려온다. ⑦ 채끝이 배꼽 방향을 향하여 돌아간다.
암 스윙	① 상체와 하체는 사용하지 말고 팔로만 끌고 내려온다. ② 순간 왼쪽 힙이 열리는 것이 보디 턴 스윙 보다 작다. ③ 오른팔로 밀어준다.

[그림 2-7] 다운스윙 자세(보디 턴 자세)

6. 임팩트(Impact)

임팩트 자세는 짧은 순간에 이루어지기 때문에 의식적으로 만들려고 하지 않는다. 백스윙 탑에서 체중 전환과 점진적 가속이 일어나고 왼발에 벽을 쌓는 자세를 만드는 과정이다.

[임팩트 자세 공통점]

① 헤드 속도는 탑에서 천천히 내려와서 임팩트에서 최고의 속도로 내려온다.
② 왼쪽 허리는 타깃방향과 45도 각도로 열어준다.
③ 왼손 등은 목표방향을 향한다.
④ 체중의 90%는 왼발에 실어준다.
⑤ 왼발은 어드레스 자세의 위치로 되돌아오면서 왼발 쪽에 벽을 만들어 준다.
⑥ 머리는 공 뒤에 둔다.

[임팩트 자세 차이점]

보디 턴 스윙	① 임팩트 순간 원 힘이 45도정도 타깃 방향을 열린다. ② 오른발 엄지는 바닥에 붙어 있는 상태이다. ③ 배꼽은 정면에서 10시에서 11시 방향을 향한다. (몸통이 약 45도 정도 타깃 방향을 돌아감) ④ 오른발 뒤꿈치는 약긴 들려 있다. ⑤ 다운브로로 친다. 헤드가 위에서 아래로 떨어지는 느낌으로 찍어 친다.
암 스윙	① 임팩트 순간 힙이 열리는 크기가 보디 턴 스윙 보다 작다. ② 임팩트 순간 오른발은 바닥에서 떨어지지 않고 그대로 있다. ③ 임팩트 순간 오른발 뒤꿈치를 들지 않는다. ④ 헤드가 임팩트 존을 지나가는 느낌으로 친다. ⑤ 손목의 스냅을 사용한다.

[그림 3-8] 임팩트 자세(보디 턴 자세)

[그림 3-9] 잘 못된 임팩트 자세

3. 정석스윙(Swing) 8단계　　59

7. 팔로 스로우(Follow through)

임팩트 이후 원심력에 의하여 헤드와 팔은 직선으로 펴지게 된다. 임팩트 이후 양팔에 힘을 빼고 오른손과 왼손이 자연스럽게 교차되도록 한다.

[팔로 스로우 자세 공통점]

① 임팩트 이후 팔에 힘을 완전히 빼고 부드럽게 헤드 스피드로 넘어가게 한다.
② 머리는 공 뒤에 둔다.
③ 임팩트 존을 지나서 오른손이 왼손 위로 타고 올라간다.

[팔로 스로우 자세 차이점]

보디 턴 스윙	① 클럽 끝이 배꼽은 향하고 몸과 클럽이 함께 돌아간다. ② 자연스럽게 오른손이 왼손 위로 올라가게 한다.
암 스윙	① 어깨가 돌아가는 속도보다 헤드를 먼저 타깃 방향으로 보낸다. ② 머리는 공 뒤에 두고 양팔과 클럽이 돌아갈 때까지 상체는 돌리지 말고 헤드를 먼저 보낸다.

[그림 3-10] 팔로 스로우 자세(보디 턴 자세)

8. 피니쉬(Finish)

몸을 반듯하게 펴고 오른쪽 어깨가 타깃을 향하도록 피니쉬 한다. 이때 신체의 균형을 잡고 타깃을 바라본다. 뒤로 걸어 나오거나 앞으로 나가지 말고 피니쉬 자세를 유지하면서 스윙결과를 분석한다.

[피니쉬 자세 공통점]

① 팔에 힘을 빼고 자연스럽게 목뒤 어깨 위에 클럽을 올려놓는다.
② 피니쉬 후 공이 목표지점에 떨어지는 것을 보고 구질을 분석한다.
③ 상체가 I자형(일자형)을 만들고 목표지점에 시선을 둔다.
④ 배꼽이 타깃(목표)방향을 향한다.

[피니쉬 자세 차이점]

바디턴스윙	① 클럽 끝이 배꼽은 향하고 몸과 클럽이 함께 돌아간다. ② 머리와 클럽이 함께 돌아나간다.
암 스윙	① 양팔과 클럽이 돌아갈 때 까지 상체는 돌리 말고 클럽이 완전히 빠져 나간 이후 상체를 나중에 돌려서 상체를 I자형을 만들고 타깃을 보고 선다.

[그림 3-11] 피니쉬 자세

(상체가 타깃을 향함)

(클럽은 자연스럽게 목뒤에 올려 놓음)

[연습은 구간별로 전체스윙은 하나로 연결]

스윙의 정석 8단계를 단계별로 연습하면 슬라이스가 나거나 비거리가 나지 않는다.
따라서 8단계를 자연스럽게 연결하면 좋은 스윙을 만들 수 있다. 또한, 이와 같은 자세를 억지로 만들려고 하면 좋은 자세를 만들 수 없다. 물 흐르듯 자연스럽게 8단계가 이루어져야 한다.

[골프 스윙에서 중요한 요소]

-. 그립은 아주 살살 잡는다(클럽을 손에 얻어 놓았다는 듯 잡는다)
-. 골프 스윙에서 리듬은 매우 중요하다. 하-둘에 백스윙을 만들고 셋에서 다운스윙을 한다.
　　　　　　　　　[나만의 리듬을 갖고 있어야 한다.]
-. 힘의 강약으로 어드레스에서 백스윙까지 완전히 온몸에 힘을 뺀다. 다운스윙에서 힘을 빼고 내려와서 임팩트 순간에 힘을 주고 팔로우에서 팔에 힘이 다 빠져 있어야 한다.

공원 길

오랜 전에 보았던 공원길을 생각하며
공원에 나가보니
눈 속에 묻혀 있던 노란 잔디가
숨을 죽이고 달빛을 밟으며
봄을 기다리고 있고
밤하는 빛은 달빛에 숨기어
그리움이 잠겨있다.
아련한 얼굴 그려 보려 하니
마음 깊은 곳 그리운 얼굴은 아무도 없고
먼산 자락 하늘 닿는 곳에 그려지는 얼굴은
그저 보름으로 가고 있는 날의 둥근 얼굴만 있을 뿐

ID # 4

긴 클럽 스윙 방법

1. 드라이버 스윙 방법

많은 골퍼들이 드라이버 샷을 가장 어려워하는 경향이 있다. 그러나 드라이버 샷은 티 위에 올려놓고 넓은 페어웨이로 보내는 것으로 가장 쉬운 샷이다.

[어드레스 방법]

① 몸과 어깨선은 타깃 라인과 일직선으로 맞춘다.
② 체중은 오른발에 60%정도 둔다.
③ 그림과 같이 척추 각을 만든다.

[그림 4-1] 어드레스 자세

[그림 4-2] 어드레스에서 공과 클럽의 위치

[테이크백 방법]

① 테이크백은 지면과 수평으로 일직선으로 낮게 끌고 나간다.
② 몸과 팔 그리고 샤프트는 삼각형이 되어 일체형으로 끌고 나간다.
③ 척추 각을 유지한다. 척추 각이 들려 상체가 일어나면 역 피봇 현상이 나온다.

[그림 4-3] 테이크 백 자세

4. 긴 클럽 스윙 방법

[코킹 방법]

① 왼팔이 수평에서 팔과 클럽 샤프트는 직각을 이룬다.
② 시선은 공을 본다.

[그림 4-4] 코킹 자세

[백스윙 탑 방법]

① 코킹 자세에서 어깨를 돌려준다.
② 양손의 높이는 오른쪽 귀까지 오면 적절하다.
③ 왼쪽 어깨 큰 근육이 꼬이는 느낌이 들어야 한다.

[그림 4-5] 백스윙 탑 자세

[다운스윙 방법]

① 손목코킹은 최대한 유지한다.
② 억지로 팔로 내려오지 않도록 한다.
③ 골반을 돌려서 체중을 왼쪽발로 이동시킨다.
④ 백스윙 탑에서 양손 코킹을 유지하고 골반 돌리는 힘으로 끌고 내려온다.
⑤ 클럽 샤프트가 지면과 수평이 될 때까지 끌고 내려온다.
⑥ 샤프트의 끝은 타깃 방향으로 나간다.

[그림 4-6] 다운스윙 자세

[임팩트 방법]

① 다운스윙에서 임팩트까지 헤드 스피드를 최대한 높여준다.
② 오른손목은 약간 꺾여 있다.
③ 체중의 90%는 왼발로 보낸다. 골반과 힙을 돌려서 체중 이동한다.

[그림 4-7] 임팩트 자세

[릴리즈 방법]

① 왼손 위로 오른손이 겹쳐 올라간다.
② 임팩트 때의 힘을 완전히 빼고 자연스럽게 돌아가게 한다.
③ 어깨가 돌아가는 속도보다 헤드를 먼저 타깃방향으로 보낸다.

[그림 4-8] 릴리즈 자세

[피니쉬 방법]

① 상체는 곧게 서서 I자형을 만든다.
② 시선은 목표방향을 본다.
③ 클럽은 어깨 위에 부드럽게 올려놓는다.
④ 공이 페어웨이에 떨어질 때까지 피니쉬 자세를 유지한다.

[그림 4-9] 피니쉬 자세

2. 페어웨이 우드 샷(Fairway wood shot)

많은 아마추어 골퍼들이 페어웨이 우드 샷을 어려워한다. 이는 페어웨이 우드는 지면에 놓고 치는 클럽 중에서 로프트 각도가 가장 작기 때문이다. 그러나 정확한 스윙을 만들면 쉽고 멀리 보낼 수 있는 클럽이다. 페어웨이 우드의 셋업은 일반적인 셋업과 같다. 단, 셋업 할 때 드라이버 보다 좀 더 가까이 선다. 또한 공을 띄우려고 하는 동작도 필요 없다. 클럽의 로프트 각도가 공을 띄워준다.

[페어웨이 우드 샷 방법]

① 셋업에서 공은 왼발 뒤꿈치 보다 중앙 쪽으로 5Cm 정도 뒤에 둔다.
② 멀리 보내려고 클럽을 세게 잡지 않는다(평상시 클럽 잡는 힘보다도 살살 잡는다).
③ 양팔에 힘을 뺀다. 세게 치려고하면 뒤땅이나 탑핑을 낸다.
④ 다운스윙에서 상체는 왼발 앞에서 회전한다.
⑤ 임팩트 시 양팔은 쭉 뻗어서 클럽헤드가 내리막 궤도에서 공을 친다.
⑥ 작은 디보트 자국을 낼 정도로 양팔을 뻗어 주어야 한다.
⑦ 클럽은 쓸어 내리 듯 타깃을 향하여 보낸다.

[그림 4-10] 페어웨이 우드 임팩트 자세

[그림 4-11] 페어웨이 우드 공의 위치

3. 하이브리드 샷(Hybrid shot)

 하이브리드 클럽은 롱 아이언은 대신하는 훌륭한 대체클럽으로 많은 골퍼들이 사용하고 있다. 하이브리드 클럽은 우드와 아이언의 장점을 합쳐 만든 클럽으로 잘 활용하면 매우 유용한 클럽이다.

[하이브리드 샷 방법]

① 아이언에 비해 스탠스는 조금 넓게 선다.
② 체중은 양발에 균등하게 둔다.
③ 상체에 힘을 완전히 빼고 백스윙한다.
④ 부드럽게 스윙한다.
⑤ 백스윙 탑의 손의 위치는 귀 이하로 낮게 든다는 느낌으로 한다.

4. 롱 아이언샷

  롱 아이언은 먼저 강박관념부터 버려야 한다. 멀리 보낸다는 욕심은 금물이다. 롱 아이언은 멀리 보내는 클럽이 아니고 멀리 나가는 클럽이다. 롱 아이언으로 멀리 보내려고 하면 스윙 속도가 빨라지고 공이 날아가는 것을 보려고 머리를 빨리 돌린다.

[롱 아이언 샷 방법]

① 아이언에 비해 스탠스는 조금 넓게 선다.
② 어드레스에서 체중은 양발에 균등하게 둔다.
③ 상체에 힘을 완전히 빼고 백스윙한다.
④ 공은 중앙에서 약간 왼발 쪽에 둔다.
⑤ 부드럽게 스윙한다.
⑥ 헤드로 잔디를 쓸어 낸다는 느낌으로 친다.

숏 게임(Shot game)

기다림의 행복

가을바람이 그리워 창을 여니
다못잎 떨군 나뭇가지가
겨울 속으로 잠들어 가며,
갈색 물잎은 초록을 버리고
씨앗이 부려진 그곳에 그대로
묻혀 겨울의 깊은 시름을 품고
속삭임조차 숨죽이고 있다.
초록을 잃은 잔디밭 벤치 위에
갈 곳을 정하지 못한 비둘기는
한발을 깃털 속에 묻고
떠날 곳을 찾고 있다.
겨울의 숨소리는 초록을 버리라 하고
겨울의 심장 소리는 봄을 기다리라 한다.
기다림 속의 기다림은 행복하다.

1. 퍼팅(Putting)

퍼팅은 타수를 줄이는 좋은 클럽이다. 어깨를 자연스럽게 늘어 트려 양팔과 샤프트가 시계추처럼 진자운동이 되도록 한다.

[퍼팅 방법]

① 어드레스 : 양 무릎은 편다.
　　　　　　 상체를 약간 앞으로 숙인다.
　　　　　　 양팔은 겨드랑이에 붙인다.
　　　　　　 눈은 공을 내려다본다.
　　　　　　 퍼터 페이스는 목표방향과 직각을 만든다.
　　　　　　 볼은 왼발 쪽에 놓는다.
　　　　　　 발, 어깨, 팔이 타깃 라인과 평행하게 한다.
② 백스윙 : 머리는 공을 보고 움직이지 말고, 하체 역시 움직이지 않는다.
　　　　　 어깨를 살짝 돌려서 목표 백스윙 크기를 만든다.
③ 다운스윙 : 눈은 공을 보고 어깨를 시계추 움직이듯 살짝 돌려준다.
④ 퍼팅 거리 : 퍼팅거리가 1M일 때 백스윙 크기는 공하나, 2M일 때 공 두개와 같은 나만의 공식을 정한다. 일반적으로 홀까지 거리가 3M 일 때 백스윙 크기는 평지에서 10Cm, 6M에서 20Cm, 9M는 30Cm로 기준으로 한다.
⑤ 활로우 크기 : 평지에서는 백스윙 크기와 활로우 스윙 크기는 같게 한다. 오르막에서는 활로우 스윙은 백스윙의 두 배 크기로 한다.
⑥ 주의점 : 백스윙 시 눈이 헤드를 따라가면 안 된다. 임팩트 이후 시선은 볼이 떠난 자리를 본다.

[그림 5-1] 퍼팅 연속동작

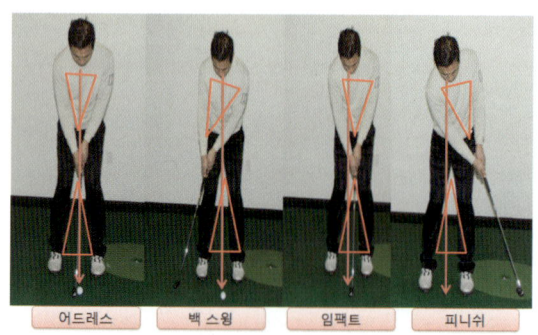

[때리는 퍼팅과 굴리는 퍼팅 방법]

굴리는 방법	백스윙 크기보다 활로우 크기를 두 배로 길게 한다.	- 오르막 경사
때리는 방법	백스윙 크기와 활로우 크기가 같거나 짧게 한다.	- 내리막 경사 - 2M 이내 짧은 거리

[그림 5-2] 퍼팅 정열

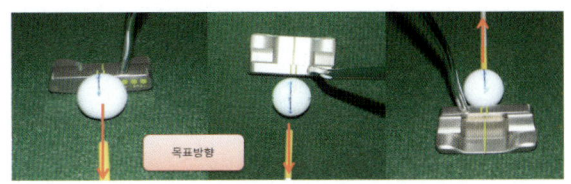

 퍼팅은 양팔과 클럽을 삼각형으로 유지하고 어깨 회전으로 퍼팅하는 것이 거리감과 방향성이 매우 좋다. 이와 같은 어깨 회전운동연습은 다음과 같다.

[퍼팅 어깨 턴 연습 방법]

① 퍼팅 자세로 어드레스를 취한다.
② 클럽을 그림과 같이 가슴에 끼운다.
③ 양손을 쭉 뻗고 오른손이 왼손 보다 아래로 내려가게 자세를 취한다.
④ 하체는 움직이지 말고 퍼팅자세로 어깨를 부드럽게 돌려 본다.

[그림 5-3] 퍼팅 어깨 턴 연습 자세

2. 치핑 샷(Chipping shot)

치핑 샷과 피치 샷의 차이점은 공이 공중에 떠있는 시간과 구르는 시간의 차이이다.

[차이점]

-. 치핑 샷 : 지면에서 구르는 거리가 길다.
-. 피치 샷 : 구르는 거리 보다 공중에 떠 있는 시간이 길다.

[그림 5-4] 치핑 샷 지역

[어드레스 방법]

① 양발의 보폭을 좁게 선다.
② 공은 오른발 쪽에 둔다.
③ 스탠스는 오픈 스탠스(타깃보다 왼쪽을 보고 섬)로 선다.
④ 체중은 왼쪽으로 70%정도 보내고 왼쪽 골반을 타깃 방향으로 살짝 밀어준다.
⑤ 어드레스의 양손의 위치는 헤드보다 손이 앞(타깃방향)을 향한다.

[그림 5-5] 어드레스 자세

[백스윙 방법]

① 백스윙은 수평까지만 한다. 단, 거리에 따라 자신의 백스윙 크기를 만든다.
② 백스윙 크기가 수평을 넘어 가는 거리는 피칭 샷으로 한다.
③ 시선은 공을 본다.
④ 체중은 왼발에 그대로 둔다.
⑤ 스윙 시 손목은 사용하지 않는다.

[그림 5-6] 백스윙 자세

[다운스윙 및 임팩트 방법]

① 다운스윙에서 클럽을 던지는 느낌으로 친다.
② 손목을 절대 쓰지 않는다.
③ 다운스윙 시 헤드보다 손이 먼저 나간다.
④ 임팩트 이후 헤드는 목표방향으로 보낸다.

[그림 5-7] 임팩트 자세

[팔로 스로우 방법]

① 임팩트 후 헤드 페이스를 목표방향으로 보낸다(빨리 페이스를 닫지 말라).
② 시선은 공이 떠난 자리를 본다.
③ 왼 손목은 펴진 상태를 그대로 유지한다.
④ 백스윙 크기와 팔로 스로우 크기를 같게 한다.

[그림 5-8] 팔로 스로우 자세

띄울 때 : 오른손의 힘으로 리드하여 친다.
굴릴 때 : 왼손의 힘으로 리드하여 친다.
띄워서 굴릴 때 : 다운브로(헤드가 내려오는 각도)로 찍어 친다.

3. 피치 샷(Pitch shot)

피치 샷은 일반적인 남자골퍼 기준 70M - 80M미터 이내의 거리에서 스윙의 크기를 조절하여 홀을 공략하는 샷을 말한다. 클럽은 샌드웨지나 피칭웨지 혹은 어프로치 웨지 중 편한 것을 선택하면 되는데 일반적으로 어프로치 웨지(AW : 52도 혹은 51도)를 많이 쓴다.

① 오픈 스탠스를 취하고 볼은 스탠스 중앙에서 왼쪽(왼발 쪽)에 둔다.
② 체중은 가볍게 왼발 쪽으로 이동시킨다.(골반을 왼발 쪽으로 밀어 줌)
③ 백스윙 시 코킹을 하여 조금 가파르게 올려준다.
④ 천천히 올린다. 급해지면 뒤땅을 치거나 생크를 낸다.
⑤ 임팩트 후 헤드 페이스가 닫히지 않도록 한다(헤드 페이스를 타깃방향으로 보낸다).

[어드레스 방법]

① 양발의 간격은 치핑 샷 보다 넓게 선다.
② 양발은 목표보다 왼쪽을 향하게 한다(오픈 스탠스).
③ 체중은 왼발에 60% 둔다.
④ 헤드 페이스는 열어준다.
⑤ 체중은 가볍게 왼발 쪽으로 이동시킨다(골반을 왼발 쪽으로 밀어 줌).

[그림 5-9] 어드레스 자세

[백스윙 방법]

① 시선은 공을 본다.
② 백스윙 시 코킹하여 조금 가파르게 올려준다.
③ 천천히 올린다. 급해지면 뒤땅을 치거나 생크를 낸다.

[그림 5-10] 백스윙 자세

[임팩트 방법]

① 시선은 공을 본다.
② 어드레스 자세로 되돌아온다.
③ 임팩트 순간에 클럽 헤드 속도를 가속한다.
④ 클럽 페이스는 하늘을 보게 한다.

[그림 5-11] 임팩트 자세

[팔로 스로우 방법]

① 팔로우 스로우와 백스윙의 크기는 같게 한다.
② 임팩트 이후 양손은 릴리즈하지 않는다.
③ 오른손 바닥을 목표를 향하여 밀어준다.

[그림 5-12] 팔로 스로우 자세

4. 로브 샷(Lob shot)

그린 앞에 벙커나 해저드 등이 있어 60도 웨지로 하늘로 높이 치솟아 그린 위에 가볍게 떨어지고 나서 거의 구르지 않는 구질을 만들어 내는 샷이다. 공을 높게 띄우기 위해서 팔과 손이 부드러워야 한다.

로브 샷은 볼이 잔디 위에 떠 있거나 볼 아래로 클럽페이스가 들어갈 공간이 있어야 한다. 공아래 공간이 없으면 방향과 구질을 예측할 수 없다.

[그림 5-13] 로브 샷이 필요한 위치

[어드레스 방법]

① 오픈 스탠스를 취하되 치핑 샷이나 피칭 샷보다 더 열어준다(띄워야 함).
② 클럽페이스는 많이 열어주고 위크그립을 잡는다.
③ 상체도 스탠스에 맞춰 열어준다.
④ 양발의 체중을 같게 한다.
⑤ 어드레스에서 클럽페이스는 양발을 열어준 각도와 같은 각도로 반대(오른쪽 방향)로 열어준다.
⑥ 공의 위치는 왼쪽에 둔다(헤드가 올라가면서 공을 타격함으로써 공이 뜬다).

[그림 5-14] 로브 샷 어드레스

[백스윙 방법]

① 천천히 백스윙하고 천천히 다운스윙한다(리듬이 중요함).
② 테이크 백에서 아웃사이드 로채를 뺀다.
③ "V"자로 가파르게 코킹 한다.

[그림 5-15] 로브 샷 백스윙

[임팩트 방법]

① 골반을 살짝 돌려주면서 체중은 왼발에 실어준다.
② 임팩트 순간에 클럽 헤드 속도를 가속한다.
③ 클럽 페이스는 하늘을 보게 한다.

[그림 5-16] 로브 샷 임팩트

[피니쉬 방법]

① 몸이 오픈된 상태이므로 타깃방향으로 채를 던지면 안 된다. 헤드는 어드레스 방향(왼쪽 방향)으로 채를 던져야 된다.
② 헤드 페이스는 하늘을 보게 열어준다.

[그림 5-17] 로브 샷 피니쉬

[팔로 스로우 방법]

① 시선은 목표방향을 본다.
② 샤프트는 곧게 세워준다.

[그림 5-18] 로브 샷 팔로 스로우

5. 벙커 샷(Bunker shot)

골프에서 벙커 샷 만큼 걱정스럽고 불안한 샷도 없어서 그린사이드 벙커 샷을 마주하면 두렵기까지 하다. 벙커 샷은 다른 샷에 비해 많은 차이점이 있다. 벙커 샷을 시도할 때는 볼의 뒤쪽 부분을 타깃으로 모래를 치도록 해야 한다. 반복적인 연습을 통해 볼을 그린 위로 무사히 올려놓을 수가 있다.

[벙커 샷 방법]

① 공은 어드레스 중앙에서 오른발 쪽에 둔다.
② 클럽페이스는 열어주고 위크 그립을 잡는다.
③ 상체도 스탠스에 맞춰 열어준다.
④ 양발의 체중을 같게 한다.
⑤ 발은 비벼서 모래 속에 파묻는다.
⑥ 그립은 모래 속에 발을 묻은 만큼 짧게 잡는다.
⑦ 상체는 낮춘다.
⑧ 헤드의 바운스로 친다.
⑨ 다운스윙 시 체중을 왼발로 완전히 이동하고 부드럽게 친다.
⑩ 다운스윙 시 헤드스피드를 빨리 한다.

[그림 5-19] 벙커 샷

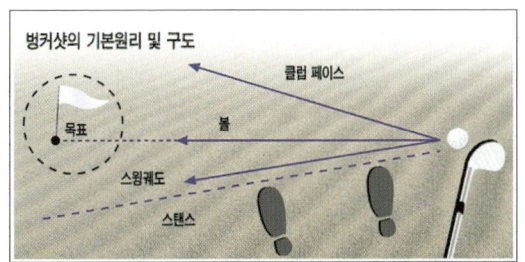

[사진출처 : aver.com/apo11on/50028875763/naver.com/kimgeetae/20180518724]

[에그 프라이(Egg fry) 벙커샷]

공이 모래 속에 박혔을 때 난처하게 된다. 이러한 상황에서 탈출하는 방법으로 클럽페이스를 오픈하지 말고 클럽페이스를 스퀘어로 두어야 한다.

[에그 프라이 벙커 샷 방법]

① 클럽페이스를 먼저 정렬하고 그립을 잡는다.
② 두 발끝이 마주보도록 비스듬하게 선다.
③ 어드레스 때 클럽 페이스는 직각에서 안쪽(왼쪽)으로 담아준다.
④ 스윙 궤도는 손목을 바로 꺾어서 매우 가파른 V자형을 만든다.
⑤ 경사가 급한 백스윙을 하여 볼의 바로 뒷면을 친다.
⑥ 임팩트 후 멈추지 말고 팔로우 스윙을 끝까지 한다.

[그림 5-20] 공이 모래 속에 박혔을 때 탈출방법

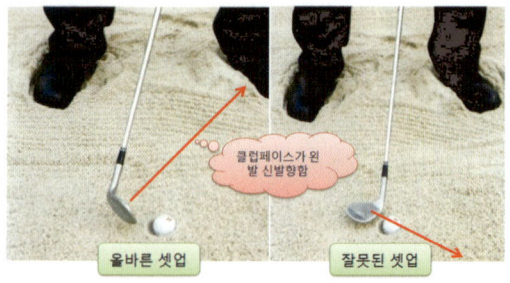

[사진출처 : http://cafe.naver.com/scottycameron/157607]

6

실전 플레이

빗방울 소리에

마음을 시리도록 비가 내리더니
겨울 찬바람을 품고 와서 나를
겨울 속으로 숨어들게 한다.

1. 실전에서의 자세

골프는 자신과의 싸움이지만 동반자에 대한 예절을 중시하는 운동 중의 하나이기도 하다. 예절과 동반자와 진행요원에 대한 배려는 골퍼로서의 기본자세이다.

[골프장 입장]

- -. 티오프(Tee off)시간보다 일찍 도착하여 준비한다.
- -. 신발과 복장을 갖춘다(필드는 패션쇼장이 아니다. 그날 가장 편한 옷을 준비한다).
  단. 규정된 복장을 갖춘다. 예, 청바지 금지, 모자착용 등)
- -. 연습 퍼팅 그린에서 그린속도를 체크한다.

[캐디 활용법]

- -. 골프는 혼자 하는 경기지만 캐디는 내 편을 만들 수 있다. 캐디를 잘 활용하라
- -. 캐디의 이름을 빨리 외우고 이름을 불러준다(예, 언니 등의 호칭금지)
- -. 캐디 피는 티업 전에 미리 내가준다. 캐디를 내편으로 만드는 방법이다.
- -. 내기골프를 한다면 캐디에게 미리 팁을 주거나 버디나 이글하면 팁을 준다. 그럼 적극적으로 버디찬스를 만들어 줄 것이다.

[동반자에 대한 예절]

- 경기 시작 전과 경기 끝난 후 동반자와 캐디에게 예의를 갖춘다.
- 필드에서 동반자가 원하지 않는 레슨은 절대하지 않는다.
- 동반자의 샷에 시선을 두고 공의 위치를 알려준다.
- 조용히 할 시간은 절대 입을 열지 않는다(예, 동반자 티샷 할 때 등)
- 동반자에게 그날의 플레이에 대한 핑계를 대지 말라. 특히 내가 친 공이 비거리가 틀렸거나, 퍼팅을 놓쳤다고 캐디 탓 하지 말라. 또한, 소음, 어제의 과음 등의 핑계는 하수이다.

[경기 중 예절]

- 동반자의 공위치를 파악하고 주변의 특정 사물을 기준으로 알려준다.
- 해저드나 오비 지역으로 들어간 공은 과감하게 버린다. 공 찾는다고 체력소모하고 시간 지연하고 잃어버린 공을 계속 생각하면 다음 샷에 영향을 주어 다음 샷도 날아갈 수 있다. 빨리 생각에서 지워야 한다.
- 동반자의 공을 찾아 줄때는 본인의 공이 항상 낙하지점보 다 멀리 나갔다고 생각한다. 따라서 동반자가 예측한 낙하 지점보다 뒤에서 찾아본다.
- 굿 샷 또는 나이스 샷이라고 상대를 칭찬하여준다.

[그린에서 예절]

- 그린에 올라가면 깃대를 보조하여준다.
- 그린에서 동반자가 원하지 않는 레슨은 절대하지 않는다.
- 동반자의 브레이크(Break: 공이 굴러갈 방향)의 잔디를 밟지 않는다.
- 동반자의 퍼팅선상에 자신의 그림자를 만들지 않는다.
- 동반자가 어드레스하고 있을 때 동반자의 퍼팅 선상 앞 또는 뒤에 서서있지 않는다.

2. 티잉 그라운드(teeing ground)에서 티샷 준비

첫 번째 홀이나 페어웨이가 좁은 홀에서 골퍼들은 긴장한다. 이와 같은 긴장은 OB(Out of Bound)를 만들어 낸다. 첫 홀에서의 드라이버 티샷 준비는 다음과 같다.

- 티잉 그라운드의 티 박스에서 오른쪽이 위험지역이면 티의 위치는 오른쪽에 둔다. 왼쪽이 위험지역이면 왼쪽에서 티샷 한다.
- 티잉 그라운드보다 페어웨이가 낮은 내리막 티샷은 슬라이스 난다. 왼쪽을 보고 치거나 드로우로 친다.
- 첫 홀이라고 반 스윙 하지 말고 부드럽게 끝까지 풀 스윙으로 피니쉬 한다. 첫 홀에서 스윙을 작게 하거나 피니쉬를 하지 않으면 평상시 스윙궤도를 벗어나 위험지역으로 날아간다.
- 첫 홀이나 페어웨이 폭이 좁은 홀에서 티샷은 풀 스윙으로 자신 있게 한다.
- OB날거 같다고 생각하고 티샷하면 OB난다.

[그림 6-1] 티샷 위치

[공 놓는 방법]

- 공의 로고나 공에 마킹한 화살표선을 목표지점을 향해 티에 올려놓는다. 일반적으로 티에 공을 올려놓을 때 방향을 생각하지 않고 놓는 경향이 많다.
- 어드레스 후 동반자나 캐디에게 목표지점으로 어드레스가 되었는지 물어본다.

[그림 6-2] 티에 공을 올려놓는 방법

3. 내리막 경사지에서 어프로치

그린 주변의 내리막 경사에 공이 놓이면 어드레스를 취하기 어려워 당황하게 된다. 특히 드라이버는 잘 맞았는데 세컨 샷이 그린을 넘어가거나 그린 주변의 턱에 놓이게 되면 공을 치기가 까다롭다. 내리막 경사에서 어프로치를 할 때 클럽 선택과 공이 떨어지는 지점 그리고 공이 구르는 정도를 파악해야 한다.

[내리막 경사 어프로치방법]

① 클럽은 로프트가 높은 것을 사용하는 것이 좋다(56° 혹은 60°).
② 경사가 심하면 많이 구른다. 따라서 거리를 더 짧게 본다.
③ 체중은 경사지 쪽으로 완전히 옮겨놓는다.
④ 몸의 축도 경사지와 수평하게 경사도와 같게 기울인다.
⑤ 가파르게 코킹한다.
⑥ 다운스윙에서는 손목을 쓰지 않는다.
⑦ 다운스윙에서 경사지의 경사 각도를 따라 헤드를 낮게 지나가게 한다.
⑧ 최대한 클럽이 지면에 붙어 있다는 느낌으로 스윙을 만들어 줘야 한다.
⑨ 왼쪽 하체를 박아 놓았다고 생각하고 스윙하고 왼쪽 무릎이 펴지는 것이 아니라 오히려 어드레스 때보다 앉는다는 느낌으로 왼쪽을 유지해야 한다.
⑩ 임팩트 이후 헤드는 빨리 들어 올리지 말라.

[그림 6-3] 내리막 경사 어프로치 자세

[출처: 한국경제매거진, 제917호, 2013.6.23]

4. 오르막 경사지에서 어프로치

내리막 경사보다는 오르막 경사의 어프로치가 더 쉽다. 단, 경사에서 체중을 유지하고 스윙 하는 것은 오르막, 내리막 경사 모두 어렵다. 오르막 경사에서는 오른발 하체가 스윙의 기준이 되므로 오른발을 유지하고 스윙하는 것이 구질을 결정하는 중요한 자세이다. 오르막 경사에서는 공이 많이 뜨고 거리는 평지에서 치듯이 스윙을 할 때보다 덜 구른다. 따라서 스윙 크기를 조절해야 한다.

[오르막 경사 어프로치방법]

① 몸의 기울기는 경사면과 평행하게 선다.
② 클럽은 평소보다 1~2cm 정도 짧게 잡는다.
③ 공은 중앙에서 오른발 쪽으로 둔다.
④ 체중은 오른발에 둔다.
⑤ 백스윙에서 체중이 무너질까봐 손으로만 들어 올리지 않는다.
⑥ 백스윙은 경사면을 따라 올라가게 한다. 너무 가파르게 들지 말라.
⑦ 다운스윙에서 공을 살짝 걷어 치는 느낌으로 친다. 찍어 치지 말라
⑧ 클럽 페이스는 열어준다. 클럽페이스를 닫으면 내려오면서 풀에 걸리고 왼쪽으로 훅이 난다.

[그림 6-4] 오르막 경사 클럽페이스 자세

[출처: 한국경제매거진, 제917호, 2013.6.23]

[그림 6-5] 오르막 경사 어드레스 자세

[출처: 한국경제매거진, 제917호, 2013.6.23]

5. 공이 발보다 높을 때

공이 발보다 높은 측면 경사에서 어드레스는 공과 몸이 가까워진다는 점이다. 평지에서 어드레스 자세를 취하면 몸과 공과의 간격이 좁아져 손과 팔을 자유롭게 움직일 수 없다. 따라서 평지에서 취했던 어드레스보다는 상체를 세워야 한다. 또한 경사도에 의해서 몸의 중심은 발뒤꿈치로 간다. 척추의 기울기는 평지에서 어드레스 할 때 취했던 기울기를 경사도에 맞도록 조정해야 한다.

[공이 발보다 높을 때 방법]

① 평소보다 스탠스는 좁게 선다.
② 무게중심은 발뒤꿈치에 둔다.
③ 상체를 세우고 의자에 앉는 자세를 취한다.
④ 공은 중앙을 기준으로 우측에 놓는다.
⑤ 클럽은 2-3Cm정도 짧게 잡는다.
⑥ 백스윙 시 왼팔의 높이는 어깨 높이 보다 낮게 든다.
⑦ 목표는 타깃의 우측을 겨냥한다(훅 구질 발생한다).
⑧ 다운스윙 시 하체는 고정하고 팔로만 친다.

[그림 6-6] 공이 발보다 높을 때 자세

[출처 : 문화일보, 2012.02.24]

6. 공이 발보다 낮을 때

공이 발보다 낮은 내리막 경사에서 일반적으로 슬라이스 구질이 나온다. 또한, 깨끗한 임팩트를 만들어 내기가 어렵다.

[공이 발보다 낮을 때 방법]

① 평소보다 스탠스는 넓게 선다.
② 클럽 끝과 무릎이 평행이 되게 어드레스 한다.
③ 평소보다 한 클럽 길게 잡고 80%의 힘으로만 친다.
④ 공은 스탠스의 중앙에 둔다.
⑤ 임팩트 후 오른발을 띠지 말고 지면에 그대로 둔다.
⑥ 하체는 고정하고 팔로만 이용하여 친다. 손목에 힘을 완전히 뺀다.

[그림 6-7] 공이 발보다 낮을 때 자세

[출처 : 문화일보, 2012.02.10]

7. 러프 샷(Rough shot)

초보골퍼는 러프에 공이 빠지면 당황하거나 실망하게 된다. 러프에서는 기대한 만큼의 좋은 샷이 나오지 않는다. 몇 미터 앞에 떨어지거나 생크나기가 싶다. 특히, 버뮤다 글라스(양 잔디)는 길이가 짧아도 줄기가 억세서 까다롭다. 또한, 공이 풀 속에 깊이 박히는 경우 더욱 힘든 샷을 해야 한다.

[러프 샷 방법]

① 평소보다 스탠스는 넓게 선다.
② 클럽을 열어(오픈) 준다.
③ 평소보다 한 클럽 길게 잡는다.
④ 그립은 평소 보다 강하게 잡는다.
⑤ 백스윙에서 가파르게 코킹한다.
⑥ 임팩트 이후 클럽을 바로 들어 올리지 말고 타깃 방향으로 길게 밀어준다.
⑦ 그린을 목표로 똑바로 친다.

[그림 6-8] 러프에서 헤드를 열림

8. 긴 러프(페스큐 fescue) 탈출

많은 골퍼들은 긴 러프에 공이 빠지면 벌타를 받고 드롭하려고 한다. 이러한 무성한 잡초에서 한 샷이 잘못 맞으면 또 잡초 속으로 들어가는 경우가 있기 때문이다. 긴 러프에서 탈출 잘 하면 타수를 관리 할 수 있다.

[긴 러프 샷 방법]

① 어드레스에서 체중을 왼발에 70% 정도 둔다.
② 헤드가 풀에 감기는 것을 방지하기 위해서 평상시보다 헤드를 오픈해서 잡는다.
③ 평상시 보다 그립을 강하게 잡는다.
④ 어깨가 돌아가기 전에 가파르게 코킹한다(얼리콕킹). 긴 러프가 헤드에 감기는 것을 방지함
⑤ 다운스윙 때는 가장 가파른 각도로 헤드를 공 뒤를 향해 떨어뜨린다.
⑥ 다운스윙에서 많은 부위가 페이스에 닿도록 공을 직접 가격한다.
⑦ 긴 러프에 의해 적은 스핀량으로 많이 구른다.

[그림 6-9] 긴 러프(페스큐) 샷 자세

[출처 : 한국일보(2013.09.17)]

9. 디봇 샷(Divot shot)

디봇은 페어웨이의 파여진 자국에 모래로 보수해놓은 곳으로 티샷한 공이 잘 맞아서 기분 좋게 다음 샷 지점에 가보면 디봇에 공이 놓여 있으면 실망하게 된다. 이러한 디봇에서의 샷은 전체 스윙에서 무릎의 각도를 일정하게 유지 하는 것이 중요하다.

[디봇 샷 방법]

① 어드레스에서 공은 오른발 쪽에 둔다.
② 백스윙은 70%정도 작게 한다.
③ 그립은 조금 내려 잡는다(공이 지면 보다 낮게 있음으로 2-3센티 정도 내려 잡음)
④ 견고한 하체를 유지하여야 한다.
⑤ 다운스윙에서 손이 먼저 나가간다. 헤드가 늦게 따라 내려와야 한다.
⑥ 다운스윙에서 몸을 낮추어 주고 피니쉬는 앞으로 쭉 뻗어 준다.

[그림 6-10] 디봇 샷 자세

10. 맨땅에서 샷(Hard pan shot)

공이 맨땅에 떨어져 있을 때 벙커가 아니면 클럽을 지면에 놓을 수 있다. 맨땅에서는 공을 가격한 후 지면을 때려야 한다. 따라서 업라이트 스윙을 한다. 특히 맨땅에서는 세게 치려는 것은 절대 금물이다.

[맨땅 샷 방법]

① 그립의 힘을 완전히 뺀다. 아주 살살 잡는다.
② 그립은 조금 짧게 잡는다.
③ 어드레스에서 왼쪽을 약간 열어준다.
④ 공은 우측에 놓는다.
⑤ 한 클럽 긴 채로 잡는다.
⑥ 3/4 스윙만 한다.
⑦ 부드러운 샷을 구사한다.

11. 드로우 샷(Draw shot)

드로우 샷은 공이 약간 우측방향으로 나가서 좌측 목표지점에 도달하도록 하는 구질이다. 페어웨이 코스가 우측에서 좌측으로 휘어지는 홀이나 바람이 좌에서 우로 불 때 공략하는 구질이다.

[드로우 샷 방법]

① 양발의 정렬은 목표 보다 우측을 향한다. 클럽 페이스는 목표지점을 향한다.
② 티는 평상시 높이 정도의 높이로 하거나 약간 높인다. 티 높이가 낮으면 깎아 쳐서 슬라이스 난다.
③ 평상시 백스윙 탑의 높이보다 낮게 든다.
④ 다운스윙 시 골반을 평상시 보다 작게 돌린다.

12. 페이드 샷(Fade shot)

페이드 샷은 공이 약간 좌측방향으로 출발해서 우측 목표지점에 도달하도록 하는 구질이다. 페어웨이 코스가 좌측에서 우측으로 휘어지는 홀이나 바람의 영향을 받을 때 구사한다.

[페이드 샷 방법]

① 왼발은 열어준다(오픈 스탠스를 취함).
② 목표 지점보다 왼쪽을 바라보고 선다.
③ 어깨, 힙, 무릎, 발 모두 목표의 왼쪽을 향해서 정렬해야 한다. 마치 목표가 왼쪽에 있는 것처럼 한다.
④ 티 높이는 평상시 높이 정도 보다 약간 낮춘다.
⑤ 클럽페이스는 공이 떨어질 목표지점을 향한다.
⑥ 공은 평상시 보다 조금 왼발 쪽에 둔다.

스윙 교정방법(Drill)

골퍼에게

남은 것은 무엇이고?
남긴 것은 무엇이며?
남길 것은 무엇인가?

1. 리버스 피봇(Reverse Pivot)

리버스 피봇은 백스윙 시 체중이 왼발에 남아 있거나 왼발 무릎이 심하게 앞으로 튀어나오거나 배가 하늘을 보며 오른팔이 심하게 들리는 현상이다. 이와 같은 원인은 어깨회전은 되지 않은 상태에서 양팔로만 스윙을 가져가다보니 백스윙에서는 역으로 몸이 뒤집히는 것이다.

[원인]

- 비거리를 멀리 보내려고 스윙아크를 의식적으로 크게 하려 하기 때문이다.
- 어드레스 시 상체를 뻣뻣하게 세우고 체중을 뒤로 쏠리면 발생한다.
- 테이크 어웨이에서 클럽이 지면과 수평한 상태에서 코킹을 이루지 못하고 코킹없이 백스윙 톱까지 스윙이 올라가는 형태가 되는 것이다.
- 백스윙에서 오른팔로 당기는 백스윙 즉, 백스윙을 오른팔로 주도하기 때문에 발생한다.
- 오른팔로 클럽을 번쩍 들고 올라가는 형태이다.
- 체중이 백스윙 탑에서 왼발에 남아 있기 때문에 발생한다.
- 백스윙 동작에서 하체와 상체가 동시에 돌아가서 꼬임이 없으면 발생한다.

[교정법]

- 어드레스 : 무릎을 구부리고 상체는 낮추고 체중을 앞으로 쏠린다.
- 백스윙 : 왼쪽 큰 근육으로 밀어 올리면 오른팔로 당기는 스윙을 방지할 수 있다.
  어드레스 상태의 척추 각을 유지한다. 척추 각이 들림(일어남)현상을 방지한다.
  백스윙 시 머리를 너무 고정하려지 말고 약간 오른쪽으로 옮겨본다.
  백스윙에서 체중을 오른발로 이동 시킨다.
  가슴이 바닥(상체를 뒤로 젖히지 말 것)을 보고 올라가게 연습한다.
  백스윙에서 왼쪽 어깨가 오른발 무릎까지 가도록 충분히 돌려준다.
  오른팔을 겨드랑이 붙인다(수건을 오른팔 겨드랑이에 끼고 연습한다).
- 척추를 중심으로 회전 운동 연습을 한다.
- 반 스윙(하프스윙) 백스윙 연습을 한다. 반 스윙까지 가면 실제 정점까지 다 올라간 것으로 생각하면 된다.
- 백스윙 동작에서 하체는 고정하고 상체만 돌려서 몸통의 꼬임을 만든다.
  상체가 45° 돌아가면 하체는 15° 정도만 돌린다.

[그림 7-1] 역 피봇 현상

그림에서와 같이 백스윙 탑에서 오른발이 쭉 펴지면서 역 피봇이 일어나는 현상은 어드레스 때 오른쪽 어깨가 왼쪽어깨보다 낮아야 하는데 양쪽 어깨를 수평으로 어드레스하여 나타나는 현상이다. 어드레스 시 그립을 잡으면 왼손보다 오른손이 아래로 내려간 만큼 오른쪽 어깨도 내려가야 한다.

[그림 7-2] 볼의 비행방향

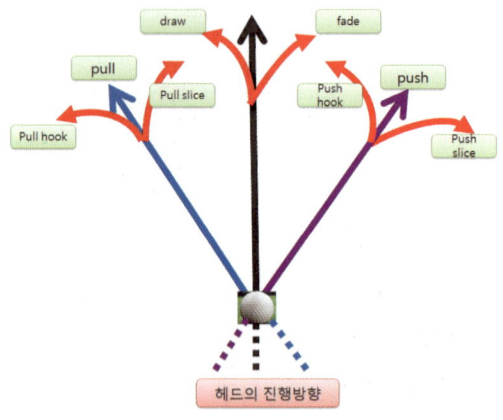

2. 슬라이스(Slice)

초보 골퍼들의 가장 큰 고민 중의 하나가 슬라이스 구질이다. 슬라이스로 인해 심하면 오비(out of bounds)나 해저드(hazard)로 들어가 버리면 낭패가 된다. 이와 같은 슬라이스의 원인은 여러 가지가 있다. 자신의 스윙을 분석하여 원인에 알맞은 처방을 내려야 한다.

[원인]

- 가장 큰 원인 중의 하나가 그립을 잘못 잡아서 발생한다. 왼손을 스트롱(strong)하게 잡거나 오른손을 너무 위크 그립(week)으로 감아 잡으면 발생한다.
- 백스윙을 업라이트(Upright swing : 높게 들어서 수직으로 내려옴)하게 한다.
- 다운스윙을 너무 천천히 하여 임팩트 타임이 느리면 발생한다.
- 임팩트 시 왼쪽 어깨를 너무 빨리 타깃라인을 지나도록 열어 주면 발생한다.
- 다운스윙 시 체중이동이 너무 빠르다.
- 임팩트 이후 양손의 로테이션이 느리다.
- 다운스윙 시 클럽의 궤도가 아웃에서 인으로 당겨 친다.
- 스탠스를 타깃방향에서 왼쪽으로 향하여 서고 헤드는 타깃방향으로 스윙할 때 발생한다.
- 그립을 너무 세게 쥐어서 릴리즈를 못하거나 팔로우 스윙을 못하고 멈추는 경우 발생한다.

[교정법]

- 그립 : 왼손이 주축이 되어 잡아주며. 왼손 "V"자 홈이 턱을 향한다.
  정확한. 그립을 잡는 연습을 한다.
  그립은 살살 잡는다(병아리를 쥐고 있는 느낌정도).
- 백스윙 : 클럽을 오른발 끝까지 몸과 팔과 샤프트가 일체감을 이루고 끌고나가서 콕킹한다.
- 천천히 백스윙하고 다운스윙은 점진적으로 빨라지게 한다.
- 임팩트 존에서 오른쪽 어깨를 빨리 감아 돌리지 않는다.
- 인-아웃-인으로 돌아가는 스윙 아크를 만든다.

3. 훅 (Hook)

훅(hook)이나 슬라이스(slice)는 일반적으로 그립을 잘 못 잡거나 자세가 잘 못 되었을 때 발생한다. 많은 골퍼들이 초심에는 정확한 자세와 그립을 잡아서 정확한 구질을 구사하는데 갑자기 훅이나 슬라이스가 발생한다. 이와 같은 이유는 나도 모르게 자세와 그립이 천천히 편한 쪽으로 바뀌어 가고 있기 때문이다. 연습장에서 프로가 옆에서 지도해 주면 공이 똑바로 가는데 프로만 없으면 구질이 휘어진다는 골퍼가 대표적 사례이다. 이런 골퍼의 대다수가 프로가 있으면 정확한 자세를 취하고 프로가 없으면 내가 편한 자세를 취하기 때문이다.

[원인]

- 그립을 너무 스트롱(strong)하게 잡으면 발생한다. 특히, 비거리를 많이 내기 위하여 오른손을 과도하게 열어 주어 오른손 바닥이 하늘을 향할 때 발생한다.
- 임팩트 시 헤드가 닫혀서 맞을 때 발생한다.
- 임팩트에서 머리가 공보다 뒤에(오른쪽) 너무 남아 있어 임팩트에서 헤드가 감아져서 훅이 난다.
- 비거리를 의식해서 백스윙에서 다운스윙까지 과도하게 머리를 좌우로 이동시켜서 발생한다.
- 백스윙에서 왼손 등을 너무 닫아서(손등이 바닥을 향함) 임팩트에서 왼손 등이 바닥을 향하여 내려오면서 발생한다.
- 백스윙 탑에서 샤프트가 바닥으로 너무 처짐으로서 발생한다.
- 다운스윙 때 왼쪽골반을 천천히 돌리거나 늦게 돌리거나 돌려주지 않으므로 헤드가 감겨서 발생한다.
- 피니쉬를 끝까지 하지 않고 팔로만 감아서 치면 발생한다.

[교정법]

- 그립 : 그립을 정확히 잡았는지 스윙 전에 체크한다.
- 정열 : 목표방향 보다 오른발이 앞쪽으로 나가있고 왼발이 뒤로 빠지지 않았나 체크한다.
- 백스윙 : 클럽의 샤프트가 탑에 너무 등 뒤로 쳐져 있지 않나 확인하고 백스윙 탑을 체크한다. 특히, 백스윙에서 클럽의 끝이 공과 타깃 선상의 안쪽(몸쪽)을 향하게 한다.
- 임팩트 : 임팩트에서 헤드업을 의식해서 머리를 너무 공 뒤에 두고 임팩트 하지 않나 확인하고 임팩트 후 자연스럽게 머리를 든다. 임팩트에서 헤드가 직각으로 공에 맞는지 연습스윙을 하여 본다.
- 다운스윙 : 과도하게 머리를 좌우로 움직이지 않도록 한다. 골반을 먼저 돌리고 클럽은 끌려 내려오는 느낌으로 친다(보디 턴 스윙에서 힘).
- 피니쉬 : 부드럽게 끝까지 한다. 특히, 클럽의 탄력에 의하여 넘어가도록 한다. 억지로 피니쉬를 만들지 말라.

4. 치킨 윙(chicken wing)

골프 스윙에서 가장 보기 흉한 치킨 윙 자세는 백스윙 탑에서는 오른 팔꿈치가 뒤로 빠지는 현상에서 나오고 팔로우에서는 왼손 팔꿈치가 타깃 방향으로 구부러져서 먼저 나가는 현상으로 파워가 떨어지면서 슬라이스 구질의 원인이기도 하다. 이런 현상은 상체와 팔 동작이 부드럽지 못하고 연습하면서 팔꿈치를 들어 올리면 자세가 편해지면서 자세가 바뀌었기 때문이다.

[원인]

- 의도적으로 공을 때리려고 할 때 발생한다. 자연스러운 스윙이 안 되고 있기 때문이다.
- 공을 멀리 보내려고 오른 팔에 힘을 너무 많이 주면 발생한다.
- 퍼 올리는 스윙 자세에서 발생한다.
- 몸통 회전이 안 되고 팔로만 공을 때리면 발생한다.
- 다운스윙에서 오른팔의 힘이 왼팔 보다 너무 강하면 발생한다.
- 다운스윙에서 아웃-인으로 들어오거나 상체가 엎어져서 들어오는 스윙 자세에서 왼팔이 밀려서 발생한다.
- 백스윙 시 오른손에 힘을 강하게 주고 오른손으로 잡아당기는 스윙에서 나타난다.

[교정법]

-. 오른팔 : 오른팔 겨드랑이에 헤드커버를 끼고 백스윙 연습한다. 왼 손등이 정면을 향하도록 연습한다.
    백스윙 탑에서 오른손 바닥에 쟁반을 올려놓은 모양을 만든다.
-. 그립 : 그립을 정확히 잡았는지 스윙 전에 체크한다.
-. 왼팔 : 임팩트 후 왼팔 치킨윙은 왼팔 겨드랑이에 헤드 커버를 끼고 연습한다.
-. 임팩트 : 임팩트 이후 왼손 바닥이 하늘을 향하도록 돌려준다.

[그림 7-3] 치킨윙 모양

5. 오버 더 탑(Over the top)

다운스윙 초기에 클럽의 끝(그립부분)이 먼저 공의 비구선 방향으로 떨어지지 않고 어깨가 먼저 돌게 되는 동작을 오버 더 탑 동작이라 한다. 또한 다운스윙 시 샤프트는 코킹 되어 끌고 내려오나 양 무릎이 내려앉으면서 그립 끝이 아웃에서 인으로 들어오는 현상이다.

[원인]

- -. 다운스윙 초기 탑에서 오른쪽 허리선까지 클럽의 끝을 먼저 끌고 내려오지 못하기 때문에 발생한다.
- -. 다운스윙에서 하체(일반적으로 골반 돌림)를 먼저 하지안고 팔로만 클럽 끝을 끌고 내려오려고 할 때 발생한다.
- -. 백스윙 할 때 하체가 15도 돌면 상체는 45도 돌아가는 상하체 꼬임이 없으면 발생한다.

[교정법]

- -. 어드레스 : 타깃과 평행하게 선다.
- -. 백스윙 : 아주 천천히 백스윙하여 다운스윙 동작을 만들 수 있는 시간적 여유를 만든다.
- -. 다운스윙 : 다운스윙 시작 직전에 하체를 타깃 쪽으로 힘차게 밀어주면서 클럽 끝이 끌려 내려오도록 한다. 다운스윙에서 왼쪽 갈비뼈 쪽 큰 근육을 사용한다.
- -. 몸통회전 : 하체가 회전할 시간적 여유를 주고 상체가 회전한다.

[그림 7-4] 다운스윙 시 오버 더 탑 모양

오버더탑궤도

정상궤도

6. 캐스팅(Casting)

캐스팅은 다운스윙 시에 코킹된 손목을 빨리 풀어 클럽헤드를 어깨보다 빨리 돌려서 내려오기 때문에 발생한다. 이런 현상은 공을 강하게 치려고 하기 때문에 발생한다. 캐스팅은 임팩트에 힘도 없고 비거리도 형편없이 짧게 나가며 뒤땅을 치게 된다.

[원인]

-. 다운스윙 시 코킹을 빨리 풀어 주기 때문에 발생한다.
-. 손으로만 강하게 때리려고 할 때 발생한다.

[교정법]

-. 연습방법 : 어드레스 자세에서 오른손목 안쪽을 왼손으로 잡고 스윙한다.
　　　　　　코킹이 천천히 풀리면서 내려치는 느낌이 난다.
-. 다운스윙 : 스윙의 정석을 지킨다.
　　　　　　백스윙 탑에서 체중을 골반을 타깃방향으로 밀어주고 클럽 끝이 공을 향하여 끌려 내려오도록 한다.

[그림 7-5] 임팩트에서 캐스팅 모양

7. 뒤땅(더프 : Duff)

뒤땅은 임팩트 시 공 뒤의 바닥을 먼저 때리는 현상을 말한다. 이런 현상은 비거리에서 많은 손실을 본다. 특히 겨울철에는 팔 또는 손목을 다치기도 한다. 또한, 직접 볼을 퍼 올리려고 하면 뒤땅이나 토핑을 유발하게 된다.

[원인]

- 공을 퍼 올리려고 할 때 발생한다.
- 임팩트 후 체중이 오른발에 남아 있을 때 발생한다.
- 자신의 신체와 맞지 않는 클럽을 선택하였을 때 발생한다. 샤프트가 너무 길거나 강하거나 클럽의 무게 중심이 자신과 맞지 않을 경우 발생한다.
- 다운스윙 시 손목이 너무 빨리 풀리면 발생한다.
- 다운스윙 시 척추각도가 아래로 많이 내려가면 발생한다.
- 스윙의 리듬이 너무 빨라지면 발생한다.

[교정법]

- 연습방법 : 임팩트 후 손목 로테이션을 한다(왼손 위로 오른손이 올라가 겹쳐지게 함).
- 임팩트 : 임팩트 이후 체중을 왼발 쪽으로 60~70% 정도 이동 시켜준다.
- 피팅 : 피팅센터에서 자신의 체형에 맞는 클럽인지 확인한다.
- 리듬 : 자신의 리듬과 템포가 빨라졌는지 체크한다. 너무 세게 때리려고 하면 리듬과 템포를 잃게 되므로 리듬감을 지킨다.
- 백스윙 : 아주 천천히 백스윙 한다.
- 연습방법 : 연습장에서 공의 앞(타깃방향)을 치는 연습을 한다.
- 팁 : 공 뒤에 30센티 정도 동전을 놓고 공부터 맞히는 연습을 한다. 잘 맞으면 동전을 점차적으로 공 가까이 놓고 연습한다.

8. 토핑(topping)

토핑은 공의 머리를 때리는 현상을 말한다. 볼을 퍼 올리려는 현상에서 많이 발생한다.

[원인]

- 공을 퍼 올리려고 할 때 발생한다.
- 다운스윙 시 손목 코킹을 유지하지 못하기 때문에 발생한다.
- 다운스윙 시 오른쪽 어깨에 힘을 너무 주면 발생한다.
- 다운스윙 시 오른쪽 어깨가 왼쪽 어깨보다 높으면 발생한다.
- 다운스윙 시 체중이 오른발에 남아있는 경우에 발생한다.

[교정법]

- 다운스윙 : 코킹을 유지하면서 체중을 왼발로 옮겨준다. 코킹은 왼손이 왼 무릎까지 내려 올 때까지 풀지 않는다.
- 리듬 : 자신의 리듬과 템포가 빨라졌는지 체크한다. 너무 세게 때리려고 하면 리듬과 템포를 잃게 되므로 리듬감을 지킨다.
- 백스윙 : 아주 천천히 백스윙 한다.
- 연습방법 : 연습장에서 공의 앞(타깃방향)을 치는 연습을 한다.
- 팁 : 공 뒤에 30cm 정도 동전을 놓고 공부터 맞히는 연습을 한다. 잘 맞으면 동전을 점차적으로 공 가까이 놓고 연습한다.

9. 헤드 업(head up)

헤드업은 임팩트 전에 머리(시선)가 이미 타깃을 향하여 고개가 먼저 돌아가는 현상이다. 또는 다운스윙 전에 머리를 위로 들어 올리는 현상에서 나타난다.

[원인]

- 조급함에서 나타난다. 스윙 속도를 빨리 하면서 공의 진행 방향을 먼저 보려는 조급함에서 발생한다.
- 다운스윙에서 오른손으로 세게 밀어서 오른팔이 얼굴을 밀고 나가서 발생한다.

[교정법]

- 어드레스 : 어드레스 때 왼쪽 눈으로 공 뒤를 본다.
- 연습방법 : 공 뒤에 작은 물체를 놓고 임팩트 후 물체에서 시선을 떼지 않는다.
  빈손으로 어드레스하고 왼팔을 앞으로 쭉 펴고 오른손을 타깃 방향을 던진다.
- 임팩트 : 임팩트 시 헤드가 지나가는 것을 보는 연습을 한다(또는 공 맞는 것을 본다).
- 스윙 전반에서 척추 각을 유지한다.
- 몸에 힘을 빼고 스윙한다.
- 오른팔에 힘을 빼고 다운스윙한다.
- 연습장에서 공을 치지 말고 콩이나 비비탄 같은 작은 물건을 쳐본다.

10. 생크(Shank)

생크는 헤드와 샤프트의 접합 부분에 공이 맞아서 우측으로 엉뚱하게 날아가는 것을 말한다.

생크는 한번 나면 계속 나는 경우가 많아 고치는데 시간이 많이 걸린다.

[원인]

- -. 다운스윙 궤도가 아웃-인으로 상체가 바닥으로 엎어질 때 발생한다.
- -. 다운스윙에서 몸통 스윙을 하지안고 손으로만 치면서 양손의 간격이 몸과 멀어지면 나타난다.
- -. 임팩트 시 몸의 중심이 앞으로 쏠리면 나타난다.
- -. 다운스윙 시 손목 코킹을 너무 오래 유지하고 끌고 내려오면 종종 나타난다.

[교정법]

- -. 클럽페이스를 닦고 공을 친 이후 매번 공이 맞은 위치를 확인한다.
- -. 임팩트 이후 릴리즈 포인트를 확인한다. 왼발 앞에서 양손이 릴리즈 되는지 확인한다.
- -. 생크나는 클럽은 연습을 중단하고 다른 클럽으로 연습한다 (장비교체가 아님 : 5번이 생크나면 5번은 잠시 쉬고 7번으로 연습).

11. 타점별 분석

[그림 5-6] 공이 맞는 타점 위치

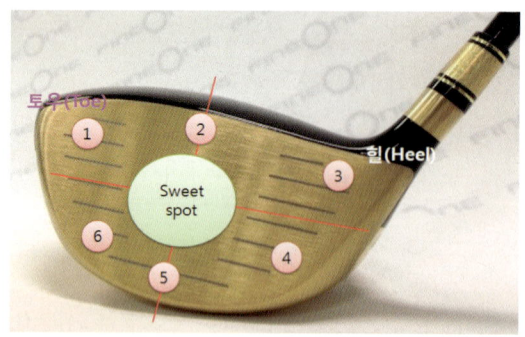

① 하이 토우 임팩트(High toe impact)

[원인]

- 다운스윙 궤도가 가파르게 내려오면서 공에 접근하면 발생한다.
- 백스윙 초기 단계인 테이크 어웨이에서 몸과 어깨는 전혀 돌지 않고 팔로만 샤프트를 타깃라인과 평행하기 만들려고 할 때 발생한다.
- 백스윙 탑에서 역 피봇 현상에서 나타난다.

[교정법]

- 백스윙 : 백스윙 탑을 조금 낮게(플렛(flat)하게 함) 올려 준다.
  백스윙에서 척추 각을 유지한다.
  백스윙 시 오른발로 체중을 이동한다.
- 테이크 어웨이 : 테이크 어웨이에서 몸과 팔 그리고 샤프트가 삼각형이 되어 함께 출발한다.
- 역 피봇 현상이 나타나면 역 피봇 교정법 참조

② 하이 센터 임팩트(High center impact)

[원인]

- 티에 볼을 올려놓을 때 너무 높게 올려놓으면 종종 발생한다.
- 다운스윙 궤도가 가파르게 내려오면서 공에 접근하면서 발생한다.
- 백스윙 탑에서 역 피봇 현상에서 나타난다.

[교정법]

- 티샷 전 : 티에 볼을 올려놓을 때 헤드상단이 공의 중앙 높이면 적절하다.
- 어드레스 : 공은 왼발 뒤꿈치에 맞추어 놓고 헤드가 최저점에서 올라가면서 맞도록 한다.
- 다운스윙 : 다운스윙 시 왼발로 체중을 이동한다.
- 역 피봇 현상이 나타나면 역 피봇 교정법 참조

③ 하이 힐 임팩트(High heel impact)

[원인]

- 하나의 원인보다는 복합적 현상에 따라 나타난다.
- 어드레스 시 몸 정열을 타깃 라인보다 오른쪽으로 돌아서 있을 때 나타난다.
- 백스윙 출발에서 클럽 페이스를 뒤쪽(안쪽)으로 뺀 후에 가파르게 들어 올려서 나타나는 현상이다.
- 다운스윙 시 아웃에서 인의 슬라이스 구질의 골퍼에게서 나타난다.

[교정법]

- 어드레스 : 어드레스에서 몸과 발의 정열이 타깃 라인과 일직선인가를 확인한다.
- 백스윙 : 백스윙 출발 시 오른쪽 옆에 클럽을 놓고(샤프트를 타깃방향으로) 타깃 라인보다 안쪽(뒤로) 빼지 안 토록 연습한다.
- 다운스윙 : 다운스윙 시 팔자스윙(아웃-인으로 들어오는 궤도)을 반대의 궤도 인에서 아웃으로 만든다.(교정될 때 까지만 연습함)
  다운스윙 시 오른 팔꿈치를 오른쪽 갈비뼈에 붙여서 내려온다.
  다운스윙 시 오른팔에 힘을 빼고 왼팔의 힘이 주축이 되어 끌고 내려온다.
  다운스윙 시 왼발로 체중을 이동한다.
- 역 피봇 현상이 나타나면 역 피봇 교정법 참조

④ 하이 로우 임팩트(High low impact)

[원인]

-. 자세와 스윙궤도 그리고 템포가 너무 빨라지면 나타난다.
-. 임팩트 때 클럽 페이스가 올라가면서 맞지 않고 수평에서 맞을 때 나타난다.
-. 다운스윙 시 상체가 일어나서 나타난다.

[교정법]

-. 어드레스 : 어드레스에서 정열이 타깃 라인과 일직선인가를 확인한다.
　　　　　　어드레스 상태의 척추 각을 임팩트 이후까지 유지한다.
-. 백스윙 : 백스윙 시 클럽을 낮고 길게 뺀다.

⑤ 로우 센터 임팩트(Low center impact)

[원인]

-. 심각하지 않지만 비거리가 줄어든다.
-. 다운스윙 시 상체가 일어나서 나타난다.

[교정법]

-. 어드레스 : 어드레스상태의 척추 각을 임팩트 이후까지 유지한다.
-. 스윙궤도 : 스웨이 현상이 나타나지 않나 확인하고 스웨이 교정법을 연습한다.

⑥ 로우 토우 임팩트(Low toe impact)

[원인]

- 백스윙 초기 단계인 테이크 어웨이에서 몸과 어깨는 전혀 돌지 않고 팔로만 샤프트를 타깃라인과 평행하기 만들려고 할 때 발생한다.
- 백스윙에서 어깨 회전이 충분히 돌지 않는다.
- 백스윙 탑에서 상체가 일어나거나 주저앉을 때 나타난다.

[교정법]

- 백스윙 : 백스윙에서 왼쪽 어깨를 충분히 돌려준다.
- 스윙궤도 : 자연스럽게 스윙 궤도를 만든다(이미지 스윙연습을 한다).

비거리 증가 방법

빗방울

창을 두드리는 소리에
옛 사연인가 하여 창을 여니
기다림 속의 사연은 없고
빗방울이 바람따라 날리며
창을 두드리니 시린 마음
빗속에 담아 잠기려 하네

1. 임팩트 파워 향상

장타자들의 임팩트 직전의 스윙을 분석 하여보면 그림과 같이 샤프트가 위에서 아래 방향으로 활처럼 휘어진다. 이와 같이 휘어졌던 샤프트가 순간 펴지면서 공을 가격하여 장타를 낸다.

[샤프트 파워 증진법]

- 다운스윙에서 왼손을 왼발까지 끌고 내려 올 때까지 코킹을 유지하고 최대한 끌고 내려온다.
- 임팩트 직전까지 오른손목은 꺾여 있어야 한다.
- 가속을 증대시키는 연습을 한다(백스윙 탑에 까지는 팔에 힘을 빼고 임팩트 직전에 힘을 준다).
  • 다운스윙에서 속도를 최대로 하고 팔로우에서 힘을 뺀다.
- 손목의 스냅을 활용 한다.
  • 손목을 부드럽게 한다.
  • 낚싯대 던지 듯 손목을 사용한다.

[그림 8-1] 장타자들의 임팩트 직전의 샤프트 휨 방향

2. 정타를 친다.

비거리 손실의 가장 큰 원인은 공을 헤드 중앙(sweet spot)에 정확히 맞추지 못하는 데 있다. 골프 클럽 제조사가 신기술을 적용해 잘 만든 클럽도 골퍼들의 스윙 습관에 따라 스위스 스폿에 정확히 맞지 않으면 비거리를 낼 수 없다. 거리 손실은 빗맞은 데서 나타남으로 우선 정타에 맞추는 연습이 필요하다.

[정타에 맞추는 방법]

-. 그립 끝을 잡지 말고 2~3Cm정도 짧게 잡는다.
  많은 프로선수들의 그립 잡는 것을 보면 짧게 잡는다. 이는 정타를 맞추기 위해서 이다.

장타를 치려면 장타에 대한 욕심을 버려라

8. 비거리 증가 방법

3. 유연성을 키운다.

 힘으로 세게 치면 공은 멀리 나간다. 하지만 골프에서 힘으로 세게 치라는 교습은 누구도 안한다. 힘을 키우는 것보다는 유연성을 기르는 것이 비거리를 늘리는데 더 효율적이기 때문이다. 골프에서 힘자랑은 하지 말라.

[유연성 증대방법]

- 큰 근육을 사용한다.
  작은 근육으로 작은 스윙을 하지 말라.
- 유연성을 키우기 위해 스트레칭을 한다.
- 안 쓰던 근육을 유연하게 하기 위하여 매일 근육의 유연성을 증대하는 운동을 한다.

4. 힘을 뺀다.

연습장에 가면 프로부터 중상급자 골퍼들이 이구동성으로 하는 말이 "힘 빼라"이다. 골프는 힘 빼는데 3년 걸린다는 속설이 있다. 팔, 어깨, 손목에 힘주면 비거리는 절대 늘지 않는다. 특히 여자 프로골퍼들의 스윙을 자세히 보면 힘 안주고 유연하게 치는 것을 볼 수 있다. 힘 빼는 순간 골프의 참 맛을 알게 된다. 힘만 빼면 골프의 경지에 오른다.

[힘 빼는 방법]

- 오른팔에 힘 빼는 방법 : 어드레스 후 오른 팔꿈치를 안에서 밖으로 살짝 오른쪽 방향으로 돌려준다. 그럼 나도 모르게 힘이 빠진다.
- 그립잡기 : 손끝에 올려놓기만 한다.
- 백스윙 : 전혀 힘주지 말고 부드럽게 올려 준다. 백스윙에서 힘주면 몸 전체가 힘이 들어가 경직된다.
- 다운스윙 : 팔에 힘을 빼고 클럽을 던져본다.
- 드라이버를 반대로 잡고(헤드부분을 잡고) 빈 스윙 연습을 한다.
- 어드레스 이후 타깃을 3회 이상 천천히 쳐다본다.

5. 드로우로나 직진구질로 친다.

우리나라 골프장의 구조는 산악지역이라 내리막 페어웨이가 많다. 이러한 내리막 타석에서는 슬라이스가 난다. 슬라이스는 오른쪽으로 심하게 휘어지는 구질로서 OB는 물론 비거리 손실이 크다. 드로우나 페이드를 구사할 줄 아는 중·상급 골퍼는 자신만의 구질로 일관성 있는 구질로 공을 보낼 수 있으나 초보골퍼는 자신의 구질을 만들어 내지 못한다. 이러한 초보 골퍼들에게는 슬라이스 구질은 비거리 손실의 원인이 된다.

[드로우 구질 방법]

-. 백스윙 탑을 평소 보다 낮게 (flat)가져간다.
-. 어드레스 후에 오른발을 뒤로 조금 뺀다. 그럼 임팩트 때 헤드가 왼쪽으로 감겨서 드로우 구질이 된다.

6. 정확한 어드레스를 취한다.

어드레스를 할 때 공과 몸이 너무 가까이 있거나 너무 멀어서 양팔을 앞으로 쭉 뻗어 주면 힘찬 다운스윙을 할 수 없다. 힘차게 클럽을 돌려주려면 그립 끝과 몸과의 사이에 공간이 충분해야 한다.

[클럽 끝과 몸과 간격유지 방법]

- 어드레스 상태에서 클럽 끝과 몸과의 간격은 주먹 두개정도가 적절하다.
- 어드레스 시 상체를 너무 앞으로 숙이거나, 뒤로 제치지 않는다.

7. 몸통(보디 턴) 스윙을 한다.

연습장에서 많은 골퍼들의 스윙을 보면 몸으로 스윙(보디 턴 스윙)하지 않고 팔로만 스윙(암 스윙)하는 골퍼가 대다수 이다. 그러나 프로들이 연습하는 연습장면을 보면 몸의 회전력으로 스윙하는 것을 볼 수 있다. 장타의 비결은 몸으로 치는 것이다.

[몸통스윙 방법]

- 임팩트 이후 클럽 끝이 배꼽을 향하고 몸과 채가 같은 방향으로 돌아간다.
- 상하 스웨이(머리가 위아래로 움직임)를 하지 않는다. 몸이 일어나가나 주저앉는 동작은 금물이다. 머리의 높이는 어드레스 때의 높이를 그대로 유지한다.
- 보디 턴 스윙 참조

8. 피니쉬를 철저히 한다.

스윙동작의 끝은 피니쉬이다. 끝이 좋아야 결과가 좋다. 완벽한 피니쉬는 장타를 도와준다.

피니쉬가 완벽하지 않고는 장타도 없다. 몸이 타깃을 향하고 왼쪽 팔꿈치는 굽혀져서 바닥을 바라보고 있다면 끝까지 피니쉬가 된 것이다. 연습장에서 연습 중에 친분이 있는 동료와 인사할 때도 피니쉬 이후 공의 구질을 확인하고 분석 이후에 "안녕하세요."라고 인사하는 습관을 기른다.

[피니쉬 방법]

- 피니쉬 자세를 취한다.
  타깃을 보고 일자로 서고 클럽은 부드럽게 목뒤에 올려놓아 준다.
- 공이 떨어 질 때까지 자세를 풀지 말고 결과를 분석한다.
- 임팩트 이후 팔에 모든 힘을 빼야 부드럽게 넘어간다.
- 다운스윙 시 체중이동이 안되어 체중이 오른발에 남아 있어 피니쉬를 끝까지 하지 못한다.
  [피니쉬 이후 왼발 끝이 타깃 방향으로 돌아가는 골퍼는 체중 이동이 안 되서 나타는 동작이다]

9. 클럽 피팅(fitting)을 한다.

PGA에서 유명선수가 우승할 때 사용한 골프클럽이 나에게 맞는 최상의 클럽은 아니다. 우리나라 아마추어 골퍼들, 특히, 남자골퍼들의 특징 중의 하나가 장비 병이다. 유명 메이커를 선호하다보면 내 몸에 맞는 장비를 찾지 못하고 장비만 열심히 교체한다. 나에게 최고로 잘 어울리는 클럽은 남의 것 빌려서 한번 쳐본 클럽이란 말도 있다. 내 몸에 맞는 클럽을 찾아야 한다. 브랜드보다는 체형에 알맞은 장비의 선택이 더 중요하다.

[피팅 방법]

- -. 전문 피팅 샵에서 스윙을 체크 받는다.
- -. 내 몸에 가장 적정한 샤프트를 선정한다.
- -. 전문가의 조언을 받는다. 피팅 샵을 이용하지 않는다면 프로에게 자문을 구한다. 프로들은 육안으로 판단한 스윙 스피드와 파워로 기성품의 스팩을 선정하여 줄 수 있다.

10. 연습도구의 활용

프로선수들의 가방을 보면 연습 도구 한 두개는 넣고 다닌다. 골프 연습은 꼭 골프클럽으로만 하는 것이 아니다. 특히 비거리향상을 위한 보조기구를 잘 활용하면 집에서도 비거리를 증대시킬 수 있는 연습이 가능하다.

[보조 연습 도구 활용방법]

- 코킹연습 : 코킹은 비거리에 많은 영향을 준다. 이와 같은 코킹 각도 조절 연습도구로 그림과 같은 도구를 활용 한다.
- 파워증진 : 연습배트 활용

[그림 8-2] 도구를 이용한 코킹연습방법

[저자소개]

[김용철]
- 경영학 박사
- 킴스기술경영 대표
- 세명대학교 경영학과 겸임교수
- 티칭프로(USGTF)
- e-mail : yongtrad@naver.com

[서동환]
- 동국대 체육학사
- 국민대학교 체육학 석사
- 여주대 외 강사
- KPGA 세미프로
- USGTF 티칭프로
- 전)동국대, 백석대, 여주대 골프강사
- 현)천남 및 상품초등학교 골프강사

골프스윙의 정석

초판 인쇄	2014년 4월 17일
초판 발행	2014년 4월 27일
저자	김용철·서동환
발행인	고우용
발행처	도서 엔예코
출판등록	제 313-2004-00041 호
등록일	2004년 2월 13일
주소	서울특별시 마포구 망원1동 338-53
전화	02) 324-6577
팩스	02) 324-6177
홈페이지	www.choolpansa.com
값	10,000원
ISBN	978-89-954968-4-8 00690
2014ⓒ	김용철·서동환

이 책은 저작권법에 의해 한국 내에서 보호받는 저작물이므로 법에 정한 예외 이외의 무단 전재나 복제, 매체 수록 등을 금합니다.